Una experiencia de campo en la educación: Pre-práctica

Una experiencia de campo en la educación: Pre-práctica

Santos;Cárdenas;Colón

Para realizar pedidos de este libro, contacte con:
Palibrio
1663 Liberty Drive, Suite 200
Bloomington, IN 47403
Gratis desde EE. UU. al 877.407.5847
Gratis desde México al 01.800.288.2243
Gratis desde España al 900.866.949
Desde otro país al +1.812.671.9757
Fax: 01.812.355.1576
ventas@palibrio.com
711573

ÍNDICE

Introducción

Partimos de las bases que prescriben la práctica educativa y su razón de ser en relación con la educación especial. Hay marcos filosóficos, pedagógicos y legales que han de considerarse en todo ejercicio profesional, principalmente en al ámbito educativo, en el que la formación de personas exige competencias claras y definidas de parte de quien ejerce el magisterio.

Es una herramienta vital que sirve de base a los candidatos a maestro en el proceso de planificación e intervenciones educativas. La revisión de literatura es amplia y abarcadora para todos los lectores interesados en el campo de la educación proveyendo información concisa para contrubuir en el proceso de enseñanza aprendizaje.

Como resultado de la experiencia profesional ofreciendo los cursos de pre-práctica, diálogo con los maestros cooperadores, estudiantes matriculados en cursos capstone (práctica) directores escolares, padres y otros profesionales se esbozan algunos temas fundamentales y de interés, que responden a los retos actuales del quehacer educativo.

Basado en el principio básico de la educación de que todo estudiante tiene la capacidad de aprender el maestro se convierte en el vehículo para el logro de ese aprendizaje. Es de suma importancia que el maestro atienda las diferencias individuales del estudiante adaptando el currículo y reconociendo la diversidad en el aprendizaje.

En el capítulo 1 se exponen los principios generales que orientan y guían la práctica profesional de los educadores especiales, tanto en lo que se refiere a la ética profesional como en las legislaciones vigentes en el país. También se hace hincapié en los lineamientos que marcan los estándares a cubrir por los maestros y así garantizar los aprendizajes de los niños que cuentan con necesidades y condiciones de aprendizajes especiales. En el capítulo 2 se pone énfasis en la acción normativa para la formación de maestros, tanto en lo referente a la necesidad de colaboración estrecha entre los componentes macros y micros de la organización, como a las prescripciones cualitativas formales de la práctica educativa.

En el capítulo 3 se destacan los estándares de contenido y las expectativas de grado, así como los principios que guían a las instituciones y a los docentes para lograr la satisfacción de las expectativas. Todo ello en concordancia con la política respectiva del Departamento de Educación de Puerto Rico. Así, con esta base en las políticas educativas del país, en el capítulo 4 son expuestas las especificidades y los procedimientos para la evaluación y el apoyo a estudiantes con capacidades diferentes o discapacidades, insertas en el Programa Educativo Individualizado que funciona para tal fin.

La práctica profesional educativa puede recuperarse de distintas maneras; una de ellas es mediante la investigación en acción, la cual favorece el autoaprendizaje de los maestros y, por lo mismo facilita el conocimiento de las modificaciones pertinentes a implementar en la sala de clases. La autorreflexión del docente sobre su práctica tiene particular importancia en el desarrollo profesional del mismo, ya que logra modificaciones cualitativas importantes con este recurso metodológico. Estos son los aspectos recuperados en el capítulo 5, en tanto que el capítulo 6 ofrece síntesis sobre el perfil de los estudiantes, las etapas del desarrollo cognoscitivo y los estilos de aprendizaje predominantes. Esto coadyuva a estructurar los recursos temporales, espaciales e instrumentales que propician resultados acordes a los estándares y expectativas educativas en relación con los principios y objetivos instruccionales, estrategias de enseñanza, actividades, asistencia tecnológica y/o acomodo razonable, así como lo concerniente a la evaluación del aprendizaje.

En el capítulo 7 se da la voz a un padre de familia, quien comparte su experiencia de tener una hija con discapacidad, las dificultades a las que se enfrentó, los obstáculos que ha tenido que superar y las adecuaciones que ha debido hacer en su vida cotidiana. En el mismo sentido expresa sus grandes satisfacciones por los resultados palpables de su hija, pero mantiene el realismo que lo caracteriza y determina. Sus expresiones son voz compartida por su esposa y por lo que significa para la familia entera.

Dos temas ineludibles en el mundo actual cierran este libro en los capítulos 8 y 9. El capítulo 8 ofrece una invitación al uso de la tecnología como recurso de enseñanza y de aprendizaje, ¿cómo pensar en la enseñanza sin tecnología cuando los estudiantes tienen en las palmas de sus manos el acceso al conocimiento con la presión de un botón en el onomatopéyico "clic"? Tanta reserva digital espera la consulta de mentes inquietas e innovadoras.

El tema final es el "bullying". Pudiera pensarse que en la educación especial este no fuese un problema; sin embargo, lo es. La naturaleza humana condiciona los comportamientos humanos. Por tanto, en los grupos sociales la posibilidad del acoso existe, más allá del tamaño del grupo, de la comunidad y de la sociedad. En el capítulo 9 se hace un recorrido breve con perspectivas teóricas y recomendaciones de intervención.

Finalmente, se ofrecen apéndices prácticos que faciliten la planificación de la enseñanza a los que vocacionalmente pretenden incursionar en el mundo del magisterio o para quienes desean saber acerca del ámbito educativo de la realidad profesional. Esperamos que esta obra sencilla les sea de utilidad.

Capítulo 1

Los principios del educador

"El ciudadano más educado para la vida es el que
puede servir mejor a sus semejantes."

Eugenio María de Hostos

Responsabilidad y compromiso del Programa de Preparación de Maestros

Las universidades que tienen el Programa de Preparación de Maestros tienen una gran responsabilidad con el Departamento de Educación y con la sociedad puertorriqueña. Los procesos de acreditación son muy rigurosos y exigen que cada universidad vele por la calidad de la preparación de los candidatos a maestros. El Departamento de Educación Federal de los Estados Unidos reconoce a las agencias acreditadoras como un medio para evidenciar que los Programas de Preparación de Maestros estén en cumplimiento con los estándares de excelencia.

El proceso es uno continuo, donde la institución de educación superior evalúa su filosofía, visión, misión, recursos disponibles, programas académicos, avaluó y el nivel de aprovechamiento de los estudiantes. Es necesario especificar que cada universidad tiene su misión y visión de acuerdo a su marco teórico.

1

La Organización de las Naciones Unidas para la Educación, la Ciencia y la Cultura (UNESCO) en la *Conferencia mundial sobre la educación superior en el siglo XXI: visión y misión* (1998), reafirma que la educación es uno de los pilares fundamentales de los derechos humanos. Una transformación en el campo educativo requiere un compromiso de todos los sectores públicos y privados. En el *artículo 1. La misión de educar, formar y realizar investigaciones* señala la necesidad de: (a) formar profesionales altamente cualificados y ciudadanos responsables; (b) constituir un espacio abierto para la formación superior que propicie el aprendizaje permanente y formar ciudadanos que participen activamente en la sociedad, (c) promover, generar y divulgar conocimientos por medio de la investigación, (d) contribuir a comprender, interpretar, preservar, reforzar, fomentar y difundir las culturas nacionales y regionales, internacionales e históricas, en un contexto de pluralismo y diversidad cultural, (e) contribuir a proteger y consolidar los valores de la sociedad, (f) contribuir al desarrollo de la educación en todos los niveles, en particular mediante la capacitación del personal docente. Además, en la conferencia mundial de la UNESCO se estableció preservar y desarrollar funciones fundamentales en las instituciones de educación superior, el personal y los estudiantes universitarios sometiendo todas sus actividades a las exigencias de la ética y del rigor científico e intelectual.

Las instituciones públicas como las Universidades de Puerto Rico con el propósito de demostrar el compromiso y mejorar la calidad de la enseñanza participaron de la acreditación del Programa de Preparación de Maestros y fueron reconocidos por la agencia acreditadora *National Council for Accreditation of Teacher Education* (NCATE). Desde el 1 de julio del 2013 se realizó la consolidación de NCATE y *Teacher Education Accreditation Council* (TEAC). De esta unión surge el *Council for the Accreditation of Educator Preparation* (CAEP).

2

CAEP, es una organización sin fines de lucro avalada por el Departamento de Educación para acreditar programas académicos dirigidos a la preparación de maestros y líderes educativos. Su función como agencia acreditadora es asegurar al público que el programa cumple con los estándares de calidad relacionados al aprendizaje del estudiante, la facultad y el compromiso institucional. Actualmente, CAEP es la agencia especializada en acreditar los programas de Pedagogía en los Estados Unidos. Los cuatro estándares de CAEP son: a) el aprendiz y su aprendizaje, b) contenido curricular, c) proceso de enseñanza y aprendizaje y d) responsabilidad profesional.

Es importante mencionar que cada programa corresponde a su organización profesional ejemplo: Educación Elemental-*Association for Childhood Education International* (ACEI), Ciencia- *National Science Teacher Association* (NSTA), Matemáticas-*National Council of Teacher of Mathematics* (NCTM), Inglés- *Teachers of English to Speakers of Other Languages* (TESOL), Historia- *National Standards for Social Studies* (NCSS), Educación Física- *National Association of Sport and Physical Education* (NASPE), Educación Especial- *Council Exceptional Children* (CEC).

Las destrezas a desarrollar en las experiencias de campo: Pre-práctica

Una de las preocupaciones del candidato a maestro es pensar en visitar una escuela para hacer sus experiencias de campo. En la universidad se trabaja el contexto teórico y se realizan ejercicios hipotéticos. Es vital que las universidades provean diversas experiencias para que los candidatos a maestros puedan hacer conexión entre la teoría y la práctica. Es importante señalar la responsabilidad mutua de los maestros de educación regular y de educación especial en la planificación y la evaluación.

son: Algunas de las destrezas que se desarrollan en la pre-práctica

- Puntualidad
- Organización
- Teoría vs. realidad
- Relaciones profesionales
  - Padres, maestros regulares y personal de apoyo
- Experiencia administrativa
- Manejo de información
  - Revisión de literatura
- Confidencialidad
- Trabajo en equipo
- Intervenciones educativas
- Preparación de materiales
- Toma de decisiones
- Manejo del tiempo
- Uso de la tecnología
- Pensamiento reflexivo, creativo y crítico
- Comunicación efectiva
  - Expresión oral y escrita

Código de ética del Council Exceptional Children (CEC)

De acuerdo con los principios éticos del *Council Exceptional Children* (2010), los profesionales de la educación especial son orientados a respetar las diversas características y necesidades de los estudiantes excepcionales y sus familias. Además, se comprometen a mantener y fomentar principios éticos.

Base legal del Programa de Educación Especial

La Constitución de Puerto Rico indica en la Sección 5. "Toda persona tiene derecho a una educación que propenda al pleno desarrollo de su personalidad y al fortalecimiento del respeto de los derechos del hombre y de las libertades fundamentales." Significa que toda persona tiene derecho a la educación y no especifica si es sin impedimento o con impedimento. De esa premisa emerge que todos los niños tienen derecho a una educación apropiada.

El Departamento de Educación establece como prioridad que la Secretaría Asociada de Educación Especial provea servicios educativos y relacionados a los niños y jóvenes con impedimentos, basándose en sus necesidades particulares. A continuación las leyes que protegen a los niños y jóvenes con impedimentos que deben conocer:

- Ley 51
  La Ley 51 aprobada el 7 de junio de 1996, crea la Secretaría Educativos Integrales para Personas con Impedimentos, como componente operacional del Departamento de Educación. Esta legislación reconoce el derecho a una educación pública, gratuita y apropiada para las personas con impedimentos entre los tres y los veintiún años de edad. El Departamento de Educación es la agencia líder en el ofrecimiento de servicios a esta población. Esta Ley propicia la colaboración y coordinación entre varias agencias para ofrecer servicios. Éstas son:

  – Departamento de Salud, Administración de Servicios de Salud Mental y Contra la Adicción (ASSMCA)
  – Departamento de Recreación y Deportes
  – Departamento del Trabajo y Recursos Humanos
  – Departamento de la Familia y Administración de Familias y Niños
  – Departamento de Corrección y Rehabilitación
  – Administración de Rehabilitación Vocacional
  – Universidad de Puerto Rico

De acuerdo con esta Ley, el Departamento de Salud es la agencia líder para la prestación de los servicios de intervención temprana a infantes.

- Ley pública 108-446
  Es la Ley de Educación para las Personas con Impedimentos de diciembre 2004 (IDEIA, por sus siglas en inglés). Establece el derecho de los jóvenes y niños con impedimento a recibir una educación pública, gratuita y apropiada en la alternativa menos restrictiva de acuerdo con un Programa Educativo Individualizado (PEI). Establece los derechos de las personas con impedimentos.

- Ley pública 93-112-sección 504
  La Sección de la "Ley de Rehabilitación" de 1973, se conoce como "Carta de Derechos para las personas con Impedimentos". Prohíbe a cualquier agencia u organización que recibe fondos federales discriminar contra las personas con impedimentos.

- Ley pública 101-336
  "Ley de Americanos con Impedimentos" de 1990 (ADA, por sus siglas en inglés), protege a los ciudadanos americanos con impedimentos de discrimen, tanto en el lugar de trabajo como en los lugares de acomodo y servicio público; además, provee servicio de transportación y otras facilidades. Su propósito es garantizar la protección de los derechos civiles de las personas con impedimentos que se encuentren en territorio americano.

- Ley 105-394
  Ley "Asistive Technology Act" de 1998 (ATA, por sus siglas en inglés). Esta define lo que es un equipo

de asistencia tecnológica como cualquier artículo, equipo, sistema o producto que sea adquirido en un establecimiento comercial de libre servicio, modificado o personalizado que se utilice para aumentar, conservar o superar la capacidad funcional de las personas con impedimento. La ley establece como derechos: conseguir el logro de vida independiente, llevarlos a disfrutar de autodeterminación y toma de decisiones, obtener beneficios de la educación y lograr la inclusión total en la sociedad.

- Ley "No child left behind"
  Fue aprobada por el Congreso de los Estados Unidos en el año 2002. Su finalidad es mejorar la calidad y efectividad del sistema de educación elemental y secundaria. Establece que todos los niños y jóvenes reciban una educación de calidad, especificando maestros altamente cualificados y el desarrollo de estándares académicos para todos los estudiantes.

- Ley 238
  "La Carta de Derechos de las Personas con Impedimentos" del 31 de agosto de 2004 Enmendada el 9 de agosto del 2008, tiene como finalidad adoptar política pública cuyo propósito primordial reside en asegurar el derecho a la igualdad y mejorar la calidad de vida de las personas con impedimentos.

- Ley 104
  Ley puesta en vigor el 26 de agosto del 2005, para crear el "Programa de Inclusión del Sistema Educativo de Puerto Rico". Facilita la integración efectiva de los estudiantes de todos los niveles escolares con las personas con necesidades especiales.

- Ley Pública 109-270
  "Ley Carl D. Perkins Career and Technical Educational Improvement Act" del 2006 cuyo propósito es desarrollar las destrezas académicas, vocacionales y técnicas de los estudiantes que participan en los programas de educación vocacional y tecnológica, incluyendo los estudiantes con impedimentos. Esta ley garantiza la igualdad de acceso a los servicios educativos y de apoyo, ofrecidos en la alternativa menos restrictiva.

Estándares de Council Exceptional Children (CEC)

La organización profesional para los maestros de educación especial es el "Council Exceptional Children" (CEC, por sus siglas en inglés). Su propósito es establecer las normas éticas, las prácticas efectivas y las directrices para garantizar que los candidatos a maestros estén bien preparados para atender eficientemente los estudiantes con necesidades especiales. Anteriormente las universidades de Puerto Rico participaron de los Programas de Preparación de Maestros y fueron reconocidos por la agencia acreditadora *National Council for Accreditation of Teacher Education* (NCATE). Desde el 1 de julio del 2013 hasta el presente la organización *Council for the Accreditation of Educator Preparation* (CAEP) es la encargada de la acreditación de los programas de preparación de maestros en educación especial.

A continuación los diez estándares que las universidades utilizaron para la acreditación del programa de preparación de maestros en el área de educación especial bajo la organización NCATE.

- **Estándar 1: Fundamentos**
  Los educadores o maestros de educación especial entienden este campo como una disciplina compleja y cambiante basadas en filosofías; teorías y principios basados en evidencia; leyes y políticas relevantes; puntos

8

de vista diversos e históricos; situaciones humanas que históricamente han influido en el campo de la educación especial y la educación; y en los tratamientos de los individuos con necesidades especiales tanto en la escuela como en la sociedad. Ellos comprenden cómo todo esto influye en la práctica profesional incluyendo el avalúo, los planes instruccionales, las implementaciones y los programas de evaluación. También comprenden cómo las situaciones sobre la diversidad humana pueden afectar las familias, a la cultura y a la escuela, y cómo estas situaciones de la complejidad humana pueden relacionarse con las situaciones de los servicios en educación especial. Además, reconocen las relaciones de las organizaciones de educación especial, con las organizaciones y funciones de escuelas, sistemas escolares y otras agencias. Los educadores especiales usan estos conocimientos como base sobre la cual constituirá sus propios criterios y filosofía sobre educación especial.

- **Estándar 2: Características y Desarrollo del Aprendiz**
Los educadores o maestros de educación especial conocen y demuestran respeto por sus estudiantes como seres humanos únicos. Ellos entienden las semejanzas y diferencias del desarrollo humano y las características de los individuos con y sin necesidades en el aprendizaje. Por otro lado, entienden como las condiciones especiales pueden interactuar con los dominios del desarrollo del ser humano y utilizan sus conocimientos para responder a una variedad de habilidades y conductas en individuos con necesidades de aprendizaje. Los educadores especiales comprenden cómo las experiencias de los individuos con necesidades en el aprendizaje pueden afectar a las familias, así como a la capacidad del individuo para aprender, interactuar socialmente y vivir una vida plena como miembros que contribuyen a su comunidad.

9

- **Estándar 3: Diferencias Individuales de Aprendizaje**
Los educadores o maestros de educación especial entienden los efectos que una condición especial puede tener en el aprendizaje escolar de un individuo a través de su vida. Ellos entienden que las creencias, tradiciones y los valores a través de su cultura pueden afectar las relaciones entre los estudiantes, sus familias y la comunidad escolar. Por otro lado, los educadores especiales son activos e inventivos al buscar la forma de comprender cómo la lengua primaria, la cultura y el trasfondo familiar interactúan con la condición especial del individuo para impactar sus habilidades sociales y académicas, sus actitudes, valores, intereses y las opciones de carreras. La comprensión de estas diferencias en el aprendizaje y sus posibles interacciones proporcionan el fundamento sobre el cual los educadores especiales proveerán una instrucción individualizada significativa y retadora para el individuo con necesidades en el aprendizaje.

- **Estándar 4: Estrategias Instruccionales**
Los educadores o maestros de educación especial poseen un repertorio de evidencia basada en estrategias instruccionales que promuevan resultados positivos en el aprendizaje en general y en el currículo especial y que a su vez puedan ser modificados apropiadamente a los ambientes en el cual aprenden los individuos con necesidades especiales en el aprendizaje. El educador enfatiza el aprendizaje del pensamiento crítico, la solución de problemas y el funcionamiento de las destrezas del individuo con necesidades en el aprendizaje aumentan su auto conocimiento, auto manejo, auto control, auto confianza y auto realización. Por otro lado, los educadores especiales hacen énfasis en el desarrollo, mantenimiento y generalización de los conocimientos y destrezas a través del ambiente, el lugar y la esperanza de vida.

10

- **Estándar 5: Ambiente de Aprendizaje e Interacción Social**
  Los educadores o maestros de educación especial crean ambientes activos para individuos con necesidades especiales en el aprendizaje que conlleva entendimiento cultural, bienestar emocional y de seguridad, interacción social positiva y la participación activa de estos. Además, los educadores especiales promueven ambientes donde se le da valor a la diversidad y donde se les enseña a los individuos a vivir en armonía y productivamente en un mundo de diversidad cultural. Ellos le dan forma al ambiente para motivar la independencia, auto motivación, auto dirección, facultades personales y auto comprensión del individuo con necesidades especiales en el aprendizaje. Estos ayudan a sus colegas de educación general a integrar individuos con necesidades especiales de aprendizajes interactivas y significativas. También utilizan la motivación directa e intervenciones instruccionales en individuos con necesidades especiales en el aprendizaje para enseñarlos a responder efectivamente a expectativas actuales. Cuando es necesario, el educador especial puede intervenir seguramente con el individuo con necesidades especiales con crisis. Además, coordinan todos estos esfuerzos para proveer guía y dirección a educadores y a otros como voluntarios en la sala de clases y tutores.
- **Estándar 6: Lenguaje**
  Los educadores o maestros de educación especial entienden lo típico y atípico del desarrollo del lenguaje y las maneras en las cuales las condiciones excepcionales interactúan con las experiencias del individuo y el uso del lenguaje. Ellos utilizan estrategias individualizadas para aumentar el desarrollo del lenguaje y enseñar las destrezas de comunicación a individuos con necesidades en el aprendizaje. Los educadores especiales están

familiarizados con argumentos, alternativas y tecnologías asistivas para apoyar y aumentar la comunicación de los individuos con necesidades especiales. Ellos igualan sus métodos de comunicación a las habilidades lingüísticas del individuo y las diferencias culturales y lingüísticas. Proveen modelos efectivos de lenguaje y utilizan estrategias y recursos de comunicación para facilitar la comprensión del tema en individuos con necesidades de aprendizaje en los cuales su lengua primaria no es el inglés.

• **Estándar 7: Planes Instruccionales**
La toma de decisiones e instrucciones individualizadas son el centro de práctica de educación especial. Los educadores especiales desarrollan un programa educativo individualizado a largo alcance que reúne tanto el currículo de educación especial como el general. Además, estos traducen sistemáticamente este programa educativo individualizado en metas y objetivos a corto plazo cuidadosamente seleccionados, tomando en consideración las habilidades y necesidades del individuo, el ambiente del aprendizaje, los factores culturales y lingüísticos. El programa educativo individualizado enfatiza en el modelaje explícito y guía de prácticas eficientes para asegurar la adquisición y fluidez a través del mantenimiento y generalización. El entender estos factores así como las implicaciones de la condición especial individual, guía al educador especial en la selección, adaptación y creación de materiales y el uso de potentes variables instruccionales. Los planes instruccionales son modificados de acuerdo al análisis del progreso de aprendizaje del individuo. Por otra parte, el educador especial facilita el plan instruccional en un contexto colaborativo que incluya a los individuos con excepcionalidades, familias, colegas profesionales y personal apropiado de otras agencias. Los educadores especiales desarrollan una variedad de planes de

transición individualizados, tales como: transición de pre-escolar a elemental y de la secundaria a una variedad de trabajo y contexto de aprendizajes postsecundarios. Además, está cómodo utilizando la tecnología apropiada para apoyar el plan instruccional y la instrucción individualizada.

- **Estándar 8: Avaluó**
Avalúo es una parte integral en la toma de decisiones y en la enseñanza de educadores especiales y estos utilizan múltiples tipos de información de avalúo para hacer una variedad de decisiones educativas. Los educadores especiales usan los resultados del avalúo para identificar necesidades excepcionales en el aprendizaje y para desarrollar e implementar programas de instrucción individualizada, como también para ajustar las instrucciones del progreso del aprendizaje que se llevan a cabo.

- **Estándar 9: Práctica Profesional y Ética**
Los educadores o maestros de educación especial están guiados por estándares de ética profesional y de práctica. Desempeñan múltiples roles y situaciones complejas a través de variedad de edades y rangos de desarrollo. Su práctica requiere atención a lo legal a la vez de serias consideraciones profesionales y éticas. También se envuelve en actividades profesionales y participa en las comunidades de aprendizaje que benefician al individuo con necesidades especiales en el aprendizaje, sus familias, colegas y el crecimiento profesional de ellos. Además, se ven así mismos o se visualizan como aprendices de por vida y regularmente reflexiona y ajusta sus prácticas. Están conscientes de cómo sus propias actitudes y las de otros, las conductas, así como la forma de comunicarse influyen en su práctica. Entienden que la cultura y el lenguaje pueden interactuar con excepcionalidades y son sensibles a los muchos aspectos de la diversidad de individuos con necesidades especiales

en el aprendizaje y sus familias. Los educadores especiales planean activamente y se envuelven en actividades que promulguen su crecimiento profesional que los mantengan al corriente con la evidencia basada en la mejor práctica. Estos conocen sus límites de la práctica y practican con ellos. El educador especial en sus comienzos demuestra dominio de los estándares a través del CEC- *"Common Core, Knowledge and Skills"*, como también a través del área especial apropiada al CEC, el conocimiento y las destrezas para lo cual el programa de preparación de maestros está preparando candidatos.

* **Estándar 10: Colaboración**
  Los educadores especiales rutinaria y efectivamente colaboran con familias, otros educadores, proveedores de servicios relacionados y el personal de agencias comunitarias relacionadas con la cultura. Esta colaboración asegura que las necesidades del individuo con necesidades especiales en el aprendizaje sean dirigidas a través de la escuela. Más allá, los educadores especiales se envuelven en el rol especial de abogado para individuos con necesidades especiales en el aprendizaje. Estos promueven y abogan por el aprendizaje y el bienestar del individuo con necesidades especiales en el aprendizaje a través de una amplia área de situaciones y de diferentes experiencias de aprendizaje. Ellos son vistos como especialistas por una infinidad de personas quienes buscan activamente la colaboración para la inclusión efectiva y la enseñanza del individuo con necesidades especiales en el aprendizaje. Son también una fuente para ayudar a sus colegas en el entendimiento de las leyes y políticas relevantes a los individuos con necesidades especiales en el aprendizaje. Además, los educadores especiales usan la colaboración para facilitar la transición efectiva de individuos con

necesidades especiales en el aprendizaje a través de los lugares y servicios.

La organización profesional (CEC), revisó los estándares utilizando un proceso de validación riguroso (2010). El CEC sintetiza los estándares a siete, con cuatro áreas de enfoque, estas son: el estudiante y el aprendizaje, el conocimiento del contenido profesional, la pedagogía de instrucción y el profesionalismo y colaboración. Las instituciones de educación superior utilizarán los siete estándares para someterse al proceso de acreditación liderado por CAEP.

Estándares Profesionales de los Maestros del Departamento de Educación de Puerto Rico

Los Estándares Profesionales de los Maestros de Puerto Rico (2008), tienen como propósito ayudar a cada maestro a tener los conocimientos, las destrezas y las disposiciones necesarias para ser efectivos en la sala de clases. Las universidades con programa de preparación de maestros tienen la responsabilidad de desarrollar los currículos y los criterios de evaluación de sus egresados. Los estándares en la dimensión ética se reconocen como un elemento fundamental en la docencia y están presentes en la parte de disposiciones.

Cada estándar tiene cuatro partes que constituyen la descripción y los niveles: conocimiento, disposiciones y ejecutorias.

- Descripción: es un enunciado breve sobre el porqué este estándar debe ser considerado como importante para ser destacado en el repertorio de lo que los maestros deben saber, pueden hacer y demuestran disposición para ejecutarlo.
- Conocimiento: lo que los maestros deben conocer y comprender para poder cumplir con el estándar.

- Disposiciones: se refiere al compromiso de los maestros para cumplir con el estándar.
- Ejecutorias: establece lo que el maestro debe poder hacer para cumplir con el estándar.

De acuerdo a Arregui (1996), se requiere que las universidades trabajen en la formación y capacitación rigurosa para adquirir conocimiento y habilidad para practicar la profesión. Es un tema recientemente discutido en el escenario mundial de las políticas educativas. Los Estándares Profesionales de Maestros de Puerto Rico comprenden:

- Estándar 1: Conocimiento de la asignatura
- Estándar 2: Conocimiento pedagógico
- Estándar 3: Estrategias instruccionales
- Estándar 4: Ambientes de aprendizaje
- Estándar 5: Diversidad y necesidades especiales
- Estándar 6: Evaluación y "assessment"
- Estándar 7: Integración de la tecnología
- Estándar 8: Comunicación y lenguaje
- Estándar 9: Familia y comunidad
- Estándar 10: Gestión de información
- Estándar 11: Desarrollo profesional

En Puerto Rico el aumento de matrícula de estudiantes en el Programa de Educación Especial requiere que los maestros brinden atención especial a la planificación y a la evaluación del aprendizaje. El estándar número 5 presenta un marco amplio de los conocimientos, las disposiciones y ejecutorias que un maestro debe entender para ofrecer una educación de calidad para esta población. A continuación el estándar 5: Diversidad y necesidades especiales.

Conocimientos

El maestro conoce y entiende:

1.1 cómo afectan las diferencias cultural-socio-económicas y las necesidades especiales de los estudiantes su aprendizaje y los modos y recursos de enseñanza

1.2 las maneras en que aprenden los estudiantes en diferentes ambientes, los procesos neurobiológicos asociados con el aprendizaje, los diversos acomodos razonables necesarios y el modo de motivar a los estudiantes para aprender

1.3 las disposiciones estatutarias de las leyes para personas con impedimentos y los requerimientos básicos o fundamentales de las mismas

1.4 las disposiciones y provisiones locales relacionadas con los estudiantes con talentos extraordinarios

1.5 cómo acceder la información concerniente a las leyes, reglas, y procedimientos que aplican para salvaguardar la planificación e implementación de los programas individuales de aprendizaje

1.6 los recursos disponibles relacionados con las estrategias educativas que hacen posible acomodar las diferencias individuales

1.7 el propósito que tiene la educación individualizada para garantizar que las necesidades de los estudiantes sean contempladas.

Disposiciones

El maestro valora y se compromete a:

1.8 respetar las diferencias individuales y culturales y apreciar el valor de cada individuo y su cultura respetar la diversidad de aprendizajes que tienen lugar en la sala de clases, así como los talentos y perspectivas de cada estudiante para lograr estos aprendizajes,

1.9 apoyar la idea de que todos los niños y adolescentes con necesidades especiales pueden aprender y ser exitosos al máximo de sus capacidades individuales,

1.10 atemperar su proceso de evaluación a los acomodos razonables, necesidades especiales y diversidad de aprendices,

1.11 colaborar en la preparación de un plan educativo individualizado de sus estudiantes y hacer los acomodos.

Ejecutorias

El maestro se involucra en actividades dirigidas a:

1.12 estudiar el expediente de sus estudiantes para identificar el desempeño previo de éstos y sus necesidades actuales y potenciales para lograr aprender,

1.13 utilizar medidas adecuadas de diagnóstico e interpretación de resultados para implementar estrategias que influencian el aprendizaje,

1.14 crear ambientes de aprendizaje inclusivos, con especial atención a los estudiantes con necesidades y/o habilidades especiales, donde se valore la diversidad y se manifieste solidaridad con los que necesitan apoyo especial,

1.15 aprender sobre la diversidad cultural, lingüística, económica y social de los estudiantes, sus familias y la comunidad en donde viven,

1.16 utilizar el conocimiento sobre sus estudiantes para diseñar la instrucción de modo que se construya sobre la fortaleza de éstos, atendiendo sus necesidades especiales,

1.17 utilizar una variedad de técnicas para acomodar y modificar las estrategias, servicios y recursos, incluyendo la asistencia tecnológica, para lograr un aprendizaje.

En resumen, las instituciones de educación superior que contemplan programas de preparación de maestros tienen como responsabilidad hacer conexión entre la teoría, los valores y la práctica. Finalmente, los estándares proveen información valiosa para el candidato a maestro que junto a su compromiso personal y profesional ofrecerán resultados efectivos en su sala de clases.

Diferenciación de la enseñanza

El documento titulado *Estándares profesionales de los maestros de Puerto Rico (DEPR)* establece los parámetros con el fin de ayudar al maestro a reflexionar sobre la labor realizada. Son varios los estándares y las expectativas que se identifican en los documentos y que se relacionan directamente con el proceso de diferenciación. Rivera (2011), presenta los cuatro estándares que evidencian la diferenciación como una aplicación esencial en el proceso de enseñanza y aprendizaje, estos son:

- **Estándar 1: Conocimientos de la asignatura**
  - Conocimiento
    1.8 Reflexionar y estudiar sobre cómo se desarrollan el conocimiento, las destrezas y los valores por los aprendices, reconociendo la importancia de los aportes de los diferentes modelos que se proponen para su nivel de enseñanza.
  - Ejecutorias
    1.12 Diseñar la enseñanza de los conceptos tomando en consideración el alcance y la profundidad apropiados al nivel de desarrollo de sus estudiantes.

1.13 Planificar las experiencias de aprendizaje de su materia tomando en consideración el nivel de desarrollo cognoscitivo del estudiante.

- **Estándar 2: Conocimiento pedagógico**
  - Conocimiento

    2.1 El maestro conoce y entiende cómo los estudiantes construyen conocimientos, desarrollan destrezas cognitivas y psicomotoras y actitudes de acuerdo a sus etapas de desarrollo.

    2.3 El maestro conoce que el mundo personal del estudiante está formado por sus experiencias vitales y por factores tales como: su nivel socioeconómico, género, origen étnico, lengua materna, preferencia sexual, edad, estructura familiar y necesidades especiales.

  - Disposiciones

    2.7 Reconocer que todos los estudiantes tienen diferentes talentos, fortalezas e inteligencias múltiples.

    2.8 Reconocer que todos los estudiantes pueden aprender en distintos niveles y lograr éxitos.

    2.9 Respetar las diferencias individuales y culturales, así como la diversidad de aprendizajes que ocurren en la sala de clases.

- **Estándar 3: Estrategias instruccionales**
  - Conocimientos

    3.3 El maestro conoce y entiende cómo planificar una instrucción basada en las necesidades individuales de sus estudiantes.

  - Disposiciones

    3.11 El maestro debe reconocer cuándo las estrategias instruccionales no son efectivas y estar receptivo a realizar los cambios que requiere la situación.

  - Ejecutorias

3.12 El maestro se involucra en actividades dirigidas a identificar y diseñar la instrucción adecuada para la etapa de desarrollo de los estudiantes y sus necesidades individuales.

- **Estándar 6: Evaluación y assessment**
  - Conocimiento

    6.7 El maestro conoce el uso, las ventajas y limitaciones de las diferentes técnicas de "assessment", así como el peso valorativo de cada experiencia.
  - Disposiciones

    6.8 El maestro valora y se compromete a utilizar técnicas variadas de evaluación y assessment de modo que sus estudiantes puedan demostrar y apreciar lo que saben de diferentes modos.
  - Ejecutorias

    6.15 El maestro se involucra en diseñar diversas técnicas de assessment sobre el mismo contenido curricular como alternativas para las diferencias individuales y que a su vez permiten diferentes formas de respuestas de los estudiantes.

    6.17 El maestro utiliza los resultados del assessment y de la evaluación para reajustar los procesos de enseñanza y aprendizaje.

El éxito de la diferenciación en la enseñanza es tanto del estudiante como aprendiz y del maestro como educador. Atender las necesidades individuales y realizar una planificación exhaustiva nos ofrece como resultado un proceso de aprendizaje de calidad.

Derechos Civiles dentro del contexto educativo

El 8 de mayo de 2014, el Departamento de Justicia de los Estados Unidos (División de Derechos Civiles) y el Departamento de Educación de los Estados Unidos escribe un comunicado para recordar la obligación de proveer igualdad de oportunidades educativas a todos los estudiantes.

Título IV
El Título IV prohíbe la discriminación sobre la base de, entre otros aspectos, la raza, el color o la nacionalidad de origen por parte de las escuelas primarias y secundarias.

Título IX
El Título VI prohíbe que los beneficiarios de asistencia financiera federal discriminen sobre la base de la raza, el color o la nacionalidad de origen.

Sección 504
Ningún individuo de algún modo calificado con una discapacidad en Estados Unidos... debe ser excluido, sólo por razón de su discapacidad, de participar en programa o actividad alguna que reciba asistencia financiera federal, ni se le pueden negar los beneficios de dicho programa o actividad, ni debe estar sujeto a discriminación".

En resumen las leyes federales de derechos civiles, así como con las órdenes de la Corte Suprema, deben garantizar que no se discrimine sobre la base de la raza, el color o la nacionalidad de origen, y que a los alumnos no se les impida matricularse en escuelas públicas de nivel primario y secundario sobre la base de su ciudadanía o condición de inmigración o la de sus padres o tutores. De surgir alguna pregunta puede comunicarse con las siguientes oficinas:

- Departamento de Justicia, División de Derechos Civiles, Sección de Oportunidades Educativas
  - (877) 292-3804
  - correo electrónico-education@usdoj.gov

- La Oficina de Derechos Civiles (OCR, por sus siglas en inglés) del Departamento de Educación al
  - (800) 421-3481
  - correo electrónico- ocr@ed.gov
- La Oficina del Asesor Jurídico General del Departamento de Educación al
  - (202) 401-6000.
- Puede también visitar la página
  - http://wdcrobcolp01.ed.gov/CFAPPS/OCR/contactus.cfm
- Para obtener información general sobre la igualdad de acceso a la educación pública, visite
  - http://www.justice.gov/crt/edo y
  - http://www2.ed.gov/about/offices/list/ocr/index.html.

En estas páginas se ha hecho un recorrido sobre los principios generales que orientan y guían la práctica profesional de los educadores especiales, tanto en el fuero interno de la ética profesional como en las legislaciones vigentes, además de los lineamientos de los estándares a cubrir para garantizar los aprendizajes de los individuos especiales. En concordancia con estos aspectos, en el siguiente capítulo se muestran las acciones normativas que aplican en la pre-práctica de los candidatos a maestros.

Capítulo 2

Acción normativa

"El maestro ha de tener vocación, fe en su profesión
y una profunda convicción de lo que significa el
magisterio para la sociedad."

Carmen Gómez Tejera

Coordinación administrativa

La pre-práctica como experiencia de campo promueve la colaboración entre la universidad y el Departamento de Educación de Puerto Rico. La experiencia en escenarios reales provee oportunidad para una autoevaluación de su vocación. El programa de preparación de maestros de las instituciones de educación superior tiene la responsabilidad de preparar el mejor maestro para atender las necesidades de los estudiantes. Por otro lado, el Departamento de Educación debe ofrecer la oportunidad para que el candidato a maestro tenga diversas experiencias previas a la experiencia clínica o práctica docente.

Las agencias acreditadoras son organizaciones que promueven el fortalecimiento y el nivel de calidad en los programas de preparación de maestros. En Puerto Rico las instituciones universitarias participan de los procesos de acreditación para mostrar su compromiso, el reconocimiento y mantener un programa de calidad. Los programas responden a diversas organizaciones profesionales. El programa de educación especial responde al *Council Exceptional Children (CEC)*. Cada universidad responde a su visión, misión, marco teórico y alineación de los diversos estándares para presentar el mejor programa de preparación de maestros en Puerto Rico.

Los programas de preparación de maestros tienen un compromiso colaborativo con el Departamento de Educación de Puerto Rico. Significa que existe una comunicación efectiva que evidencia la experiencia educativa.

La universidad tiene la responsabilidad de realizar un acercamiento al Departamento de Educación solicitando el permiso para que los candidatos a maestros puedan adquirir una experiencia y realizar una intervención educativa con los estudiantes. La oportunidad será vital para enriquecer y fortalecer los conocimientos adquiridos en los cursos. Con el propósito de evidenciar el trabajo en equipo debe haber una comunicación efectiva entre sus componentes, entiendase:

- Universidad
- Región Educativa
- Superintendente de Escuelas
- Director Escolar
- Maestro
- Padres

A continuación se describen algunos instrumentos imprescindibles en la coordinación administrativa:

a. Acuerdo colaborativo entre las universidades y el Departamento de Educación de Puerto Rico. En este acuerdo la institución describe el propósito fundamental para solicitar la experiencia de campo. Por ejemplo, la Universidad de Puerto Rico en Cayey establece en su acuerdo "promover el aprendizaje del candidato a maestro de educación especial tomando en consideración la enseñanza basada en experiencias, aprendizaje reflexivo, educación en civismo, demostrar sensibilidad hacia la diversidad, conexión de teoría y práctica, desarrollo del liderazgo, combinación del servicio con el aprendizaje académico y una contribución a la comunidad."

b. Comunicado escrito del profesor a cargo de la supervisión de la pre-práctica. Cada universidad identifica cuales son los cursos que requieren de la experiencia de campo y asigna los profesores para realizar dicha encomienda. El profesor siguiendo el prontuario del curso planifica y ubica al candidato a maestro para que tenga la experiencia de aplicar los conocimientos adquiridos en la clase al visitar una escuela para realizar la pre-práctica. Es necesario puntualizar que cada universidad determina las horas requeridas en la experiencia de campo. Sin embargo, el Departamento de Educación de Puerto Rico tiene establecido que el candidato a maestro debe cumplir con 300 horas contactos en su práctica docente, este requisito aplica a instituciones universitarias públicas y privadas.

c. El profesor que dicta el curso se comunica con el director y el maestro cooperador a cargo de proveer la experiencia. Obteniendo la aceptación del director escolar y el maestro cooperador procede a comunicarle a los padres la colaboración y solicita el consentimiento informado, autorizando a que su hijo participe de las intervenciones educativas a cargo del candidato a maestro de educación especial. La experiencia forma parte esencial del curso que servirá como preámbulo a la experiencia clínica o práctica docente y finalmente un medio para servir a la comunidad puertorriqueña.

Código de vestimenta

Según, McCloskey (2001), el promover normas de conducta, cortesía y buen servicio es parte de la responsabilidad de un profesional de una institución. El candidato a maestro debe proyectar una imagen profesional sea hombre o mujer. La trayectoria profesional empieza al ingresar a las instituciones de educación superior. Cualquier gestión profesional efectiva implica la interacción de todos sus participantes. Por tal razón, es necesario seleccionar una vestimenta apropiada para realizar la pre-práctica. El proyectar una imagen profesional es de vital importancia en el modelaje para sus estudiantes. De acuerdo con la revisión de literatura hay consenso de seleccionar una vestimenta cómoda y que refleje el buen vestir (apariencia).

McCloskey (2001) y Sabath (2000), presentan como ejemplo: el chaleco como una prenda versátil, imprescindible en el vestuario de la mujer y el hombre profesional. Puede usarse en combinaciones de colores sólidos, sobre un estampado, rayas y también lo puede usar con falda y pantalón. Llaca et al. (2006), concluye que el maestro debe ser un modelo inseparable de su personalidad. El papel del maestro implica ser un ejemplo en todos los aspectos como vestimenta apropiada, actitudes, lenguaje y relaciones humanas. Ser maestro implica la responsabilidad de ser permanentemente un ejemplo, y negarlo equivale a negar su profesión.

Como en toda profesión, los maestros han de cumplir estándares que contribuyan a la educación del país y que a la vez les faciliten su actividad profesional compartiendo objetivos comunes con las demás escuelas del nivel en lo horizontal y en lo vertical para preparar a los estudiantes en las competencias que requiere el ingreso al siguiente nivel educacional. En el siguiente capítulo se abordan algunos puntos cruciales de la política educativa del Departamento de Educación de Puerto Rico sobre estándares y expectativas en educación.

Capítulo 3

Política Educativa del Departamento de Educación en Puerto Rico

"Se forman héroes hoy en los talleres; ¡Y el alma de
la patria en las escuelas!"
"Se forman candidatos a maestros hoy en las
universidades; ¡Y el alma de la patria en las escuelas!"

Clemente Ramírez de Arellano

Estándares de contenido y expectativas de grado

La Ley de Educación Elemental y Secundaria (ESEA) del
1965, según enmendada y reautorizada por la Ley 107-110 *"No
Child Left Behind"* (NCLB) del 2002, establece la necesidad de
que el estado desarrolle los estándares que guiaran la formación
del alumno. También establece los parámetros que deben
considerar las Pruebas Puertorriqueñas de Aprovechamiento
Académico (PPAA) y las Pruebas Puertorriqueñas de Evaluación
Alterna (PPEA).

El Departamento de Educación de Puerto Rico (2007)
presentó el Documento de Estándares de Contenido y
Expectativas de grado en las Áreas Académicas:

- Matemáticas
- Español
- Ciencia
- Estudios Sociales
- Inglés

Los estándares y las expectativas representan un componente esencial para promover el cambio en el sistema educativo, contribuye a conectar los cambios curriculares con el desarrollo profesional de los maestros, los métodos de instrucción y la evaluación del aprendizaje del estudiante. Los estándares enuncian altas expectativas de ejecución para todos los estudiantes. Todo incluye a los estudiantes de Educación Especial.

Un estándar puede definirse como:

- Una afirmación que puede ser utilizada para juzgar la calidad de un currículo.
- La visión de lo que se pretende que los estudiantes sean capaces de hacer.
- Un criterio que sirve para juzgar excelencia y calidad.
- Una aseveración que describe los resultados deseados.

En las expectativas se definen los objetivos, el alcance, la secuencia y la profundidad de conceptos, destrezas y actitudes de cada área académica. En resumen, son las competencias que cada estudiante debe dominar en cada grado.

Los maestros del programa regular de las áreas académicas cuentan con este documento como herramienta para la planificación y la evaluación. Se recomienda que los maestros de educación especial lo estudien para trabajar efectivamente con los estudiantesy poder determinar el progreso y los logros académicos del Programa Educativo Individualizado (PEI) de cada estudiante.

El Departamento de Educación de Puerto Rico presentó los nuevos *Estándares de Contenido y Expectativas de Grado* de Puerto Rico (2014) en los diversos programas. Los estándares de contenido que reflejan los principios de la preparación para la educación postsecundaria y profesional que contienen un alto rigor; comparable al de los *Common Core State Standards* (CCSS) que presentan expectativas postsecundarias y profesionales para todos los estudiantes. Además, adoptó las cinco competencias del Perfil del Estudiante Graduado de Escuela Superior de Puerto Rico a través de las cuales se espera que el estudiante logre saber, saber hacer y saber ser. Mediante el nuevo instrumento de trabajo, también se fijan parámetros para la producción de las Pruebas Puertorriqueñas de Aprovechamiento Académico (PPAA) y las Pruebas Puertorriqueñas de Evaluación Alterna (PPEA). El documento de trabajo es el resultado de múltiples esfuerzos y del compromiso significativo de maestros y facilitadores docentes de Programas en toda la Isla. Las contribuciones de cada uno de los profesionales fueron fundamentales para la elaboración de este nuevo instrumento que supone transformaciones paradigmáticas trascendentales en la enseñanza. También, se les proveen a los maestros como herramienta los mapas curriculares que le proveen información valiosa para la planificación y la intervención educativa. Se recomienda visitar la página del Departamento de Educación de Puerto Rico para examinar la nueva revisión de los estándares y expectativas. A continuación la dirección electrónica:http://www.de.gobierno. pr/soy-maestro/531-recursos-del-maestro/1851-estandares-academicos

Es importante mencionar que el Departamento de Educación en Puerto Rico (2013) sometió la solicitud de flexibilidad por medio de la exención al Departamento de Educación Federal de los Estados Unidos. Mediante el informe escrito el Departamento de Educación afirma el compromiso de trabajar con el Plan de Flexibilidad.

A continuación los principios guía:

- Garantizar la rendición de cuentas al nivel individual y del sistema.
- Preparar estudiantes para entrar en la universidad y a carreras profesionales.
- Establecer y alcanzar expectativas de altos niveles de aprovechamiento para todos los estudiantes.
- Recompensar a las escuelas y los maestros exitosos.
- Implementar estrategias efectivas para el mejoramiento de las escuelas.
- Apoyar a los educadores mediante el desarrollo profesional.
- Mejorar la calidad del maestro.
- Promover un espíritu de colaboración.

Con relación a los nuevos esfuerzos relacionados con la preparación del maestro bajo este compromiso es:

- proveer a las instituciones de educación superior (IES) datos que vinculen los graduados de sus programas de preparación de maestros con los resultados de los estudiantes en el Departamento de Educación las pruebas estandarizadas.
- revisar las Guías para la Clasificación de los Programa de Preparación de Maestros para integrar estándares más rigurosos para la clasificación de programas.
- explorar la opción de trabajar con un proveedor de servicios para desarrollar un currículo a nivel estatal que integre los estándares del DE a los programas de preparación de maestros.
- revisar los requisitos de admisión y graduación de las IES para los programas de preparación de maestros asegurando que los candidatos dominen el contenido y los estándares del DE antes de graduarse.
- desarrollar directrices a nivel de distrito para programas de inducción de nuevos maestros y directores de escuela.

- trabajar con las IES y el College Board para establecer un calendario de trabajo para la revisión de las Programa de Pruebas para Certificación de Maestros.

Así, con esta base en las políticas educativas del país, en el siguiente capítulo se apuntan las especificaciones y procedimientos para evaluación y apoyo a estudiantes con capacidades diferentes o discapacidades, insertas en el Programa Educativo Individualizado que opera en el país.

Capítulo 4

Programa Educativo Individualizado (PEI)

Procedimientos utilizados en Puerto Rico para identificar y evaluar estudiantes con impedimento

Registro

Si sospecha que su hijo tiene un impedimento, el primer paso a seguir es ir al distrito más cercano a su residencia y registrarlo en el Programa Educación Especial o en el Centro de Orientación y Registro Continuo o al Centro de Servicios de Educación Especial que corresponda a su hogar. Se le ofrecerá orientación sobre los servicios y se le entregará copia de la planilla de registro y derechos de los padres.

Proceso de evaluación

Luego que registre a su hijo, el Departamento de Educación tiene treinta días calendario para completar el proceso de evaluación. Este proceso se lleva a cabo para determinar si su hijo es elegible para recibir servicios de Educación Especial.

Como parte del proceso de evaluación, se administran pruebas para determinar las fortalezas y necesidades educativas, así como el nivel de funcionamiento de su hijo en diferentes áreas (por ejemplo: lenguaje, lectura, desarrollo motor). Además, el proceso de evaluación incluye una entrevista. No se puede determinar la elegibilidad a los servicios con una sola prueba u opinión profesional. Además de las pruebas, el proceso de evaluación debe incluir lo siguiente:

- Observaciones de profesionales que han trabajado con su hijo
- Evaluaciones de su hijo (las que apliquen)
- El historial de desarrollo de su hijo
- Observaciones e información que el padre puede brindar

Si no está de acuerdo con la evaluación, puede pedir una segunda opinión por medio de una evaluación independiente siguiendo el procedimiento establecido. Todas las evaluaciones que lleve a cabo el Departamento de Educación son libres de costo para usted.

Antes de la reunión para redactar el PEI se debe enviar una notificación al padre que incluya lo siguiente:

- Derechos de los padres
- Posible fecha, hora y lugar (tres fechas)
- Propósito de la reunión
- Participantes
- Derecho a invitar a otras personas
- Invitación del estudiante de ser necesario
- Invitación de personal de otras agencias de ser necesario

Las disposiciones legales para la redacción del Programa Educativo Individualizado (PEI) de un estudiante

La Ley Estatal 51 y la Ley Federal de Educación para las Personas con Impedimentos (IDEIA) 108-446 de diciembre 2004, establece el derecho de los niños y jóvenes con impedimentos de 3 a 21 años a recibir una educación pública, gratuita y apropiada de acuerdo a su Programa Educativo Individualizado (PEI) en la alternativa menos restrictiva. El PEI debe ser revisado por lo menos una vez al año.

Programa Educativo Individualizado (PEI)

Al finalizar el proceso de evaluación, el Departamento de Educación tiene treinta días calendario dentro de los cuales debe haber una reunión por el Comité de Programación y Ubicación (COMPU). En esta reunión se discutirán los resultados de las evaluaciones, se preparará un Plan Educativo Individualizado (PEI) y se establecerá la ubicación para la prestación de los servicios que su hijo necesita. En la reunión del Comité de Programación y Ubicación para la redacción del PEI deben estar presentes:

- Padre del estudiante
- Maestro regular que ofrece u ofrecerá servicios al estudiante
- Maestro de Educación Especial o proveedor de servicios
- Representación de la agencia que:
- Conozca de los recursos disponibles en la agencia
- Conozca del currículo general
- Supervise o provea servicios de Educación Especial
- Una persona que pueda interpretar las implicaciones educativas de los resultados de las evaluaciones
- Otras personas con conocimientos o peritaje sobre el niño, a discreción de los padres o agencia
- Si es apropiado, el estudiante

La función básica del Comité de Programación y Ubicación (COMPU), es el desarrollo del Programa Educativo Individualizado (PEI) de cada estudiante elegible para recibir servicios de educación especial. Para llevar a cabo esta función debe:

a. analizar toda la información pertinente a las evaluaciones administradas al estudiante, así como toda información disponible que pueda contribuir a la toma de decisiones respecto a la programación de los servicios y la ubicación más apropiada para el estudiante.

b. asegurar de que la información necesaria para preparar el PEI esté completa en el expediente del estudiante.

c. identificar las fortalezas y necesidades, así como las metas y objetivos educativos y explorar alternativas de servicios.

d. levantar un acta de las minutas de las reuniones llevadas a cabo para preparar el PEI.

e. mantener un registro de asistencia con las firmas de los participantes en cada reunión.

f. además de la preparación del PEI, el COMPU puede constituirse para: discutir situaciones que afectan la provisión de servicios educativos y relacionados al estudiante.

g. considerar y tomar decisiones sobre la identificación, evaluación, ubicación y necesidades de servicios relacionados y de apoyo.

Desarrollar y discutir el contenido del PEI llevando a cabo:

- Un proceso colaborativo entre todas las personas que están en la reunión.
- Recopilar toda la información importante, de acuerdo a la:
  - Aportación de los padres

- Aportación del maestro regular
- Aportación de maestros y proveedores de Educación Especial
- Determinar las necesidades, metas, objetivos, servicios educativos y relacionados para el niño
- Determinar la manera en que cada maestro o proveedor de servicios será informado sobre sus responsabilidades relacionadas con la implantación del PEI
- Un proceso colaborativo entre todas las personas que están en la reunión.

Áreas principales del PEI

- Nivel de funcionamiento del estudiante.
- Las metas y objetivos que se espera lograr durante el año.
- Cómo se medirán los logros.
- La ubicación recomendada y las razones para esa recomendación.
- Los servicios educativos y relacionados.
- La duración, frecuencia y lugar en que se van a ofrecer.
- Cuando el estudiante ha cumplido los 16 años, o antes, deben incluir servicios de transición.
- Acomodos que necesita el niño para participar del Programa Regular y del Programa de Mediación Regular.
- Recomendaciones de servicios de Año Escolar Extendido.
- Servicio y equipo de Asistencia Tecnológica recomendada.

El padre o encargado aportará, examinará el PEI y dará su aprobación. Los niños elegibles para recibir servicios de educación especial se ubicarán en la alternativa educativa menos restrictiva, o sea, en aquella donde pueden atenderse mejor las necesidades particulares del niño, manteniéndose, a su vez, lo más cerca posible de los estudiantes sin impedimentos. Para cumplir con este requisito se requiere un continuo de alternativas de servicio. Cuando el funcionamiento educativo del niño evidencia que puede beneficiarse de una alternativa de ubicación menos restrictiva que aquella en la cual está ubicado, se deberá mover a ésta lo más rápido posible.

En los servicios relacionados se incluyen la transportación y servicios correctivos y de sostén que sean requeridos para ayudar a niños y jóvenes con impedimentos que se benefician del Programa de Educación Especial. Estos servicios incluyen: patología del habla y audiología, servicios psicológicos, evaluación de los niños y jóvenes con diferentes impedimentos, servicios de orientación y servicios médicos de salud escolar, servicios de trabajo social en las escuelas, adiestramiento a padres, terapia de habla, ocupacional, física y psicológica. Para que los servicios educativos sean efectivos, es indispensable que ofrezcan los servicios relacionados necesarios.

Ubicación

El lugar donde su hijo recibirá los servicios educativos y relacionados que necesita se determinará en la reunión del PEI. Usted debe estar de acuerdo con esta decisión. La ley estipula que su hijo con impedimentos tiene derecho a recibir una educación pública y apropiada sin costo alguno para usted en el ambiente menos restrictivo, que es aquél más cercano posible a otros niños sin impedimentos. Tiene derecho a visitar el lugar donde su hijo recibirá servicios antes de aceptarlo. Si así lo desea, se puede posponer la aprobación del PEI por un máximo de diez días laborables para que puedas llevar a cabo esta visita.

Adaptaciones curriculares que garantizan una mayor participación del estudiante

Para el logro de una mayor participación del estudiante con discapacidades en el salón inclusivo, es preciso hacer unos ajustes al currículo general de manera que el mismo responda a sus necesidades individuales. Para ello existe una variedad de formas a saber:

- Uso de los mismos materiales y actividades adaptando sólo los objetivos de manera que se ajusten a las habilidades, lapso de atención y estilos de aprendizaje del alumno especial.
- Uso de los mismos materiales, actividades y objetivos, pero adaptando al alumno que ha sido incluido y las formas como él responde. Las mismas pueden ser más breves, concretas y funcionales, así como en menor número. El tiempo asignado para responder a las actividades de enseñanza, asimismo habrá de ser mayor.
- Uso de los mismos objetivos y actividades de enseñanza, pero adaptando sólo los materiales a las necesidades intelectuales, perceptuales y motoras del alumno con discapacidades.

Algunos ejemplos de adaptaciones como las siguientes, habrá de ayudar al estudiante a enfrentarse con éxito a esos objetivos y actividades de enseñanza que han sido diseñadas para uso con el estudiante de educación general:

- El uso del velcro facilita al alumno con limitaciones motoras poder mantener sobre su escritorio los materiales de enseñanza que esté utilizando.
- Un aumento de tamaño del material de lectura, láminas y otros medios didácticos para beneficiar al alumno con alguna discapacidad visual o con problemas perceptuales visuales.

- Uso de materiales multisensoriales que apelen a todos los sentidos juntos.
- Añadir agarraderas a algunos materiales para facilitar su agarre en aquéllos que presentan esa dificultad.
- Uso de la tecnología asistiva, especialmente aquella que ha sido adaptada para uso con estos alumnos. La importancia que reviste este tema en la inclusión, será trtatado de manera especial en un capítulo aparte.

Modificación del ambiente del salón:

El ambiente escolar ha de ser uno saludable disponiéndose de buena acústica, ventilación e iluminación y lejos de olores y ruidos ofensivos a la salud. La instalación de rampas, barras paralelas en los baños para la mayor seguridad de todos los alumnos y remoción de obstáculos en las áreas libres para una ambulación segura, constituyen una obligación. Finalmente el salón debe estar decorado, sin asomo de una nota de exageración y accesible a todo material didáctico. El ambiente escolar, en síntesis, ha de ser uno al cual todos los alumnos se sientan pertenecer.

Como se puede apreciar, son variados los elementos que los maestros han de considerar y tener presentes para la atención a estudiantes con aprendizajes especiales. La preparación de maestros, además de responder curricularmente a un programa institucional de educación superior, también requiere de la recuperación de la práctica personal de los maestros especiales que conlleve a la mejora educativa. En las páginas siguientes se propone una alternativa metodológica que atiende esta necesidad.

Capítulo 5

Importancia de la investigación y acción en la sala de clases

"Trabajar es producir y producir es servir a la Humanidad."

Ramón Emeterio Betances

La Declaración Mundial sobre la Educación Superior en el Siglo XXI: Visión y Acción (1998) establece en los Artículos uno, Sección C y cinco, Sección A, la importancia de la investigación y acción en la sala de clases.

- Artículo 1. (c) promover, generar y difundir conocimientos por medio de la investigación y, como parte de los servicios que ha de prestar a la comunidad, proporcionar las competencias técnicas adecuadas para contribuir al desarrollo cultural, social y económico de las sociedades, fomentando y desarrollando la investigación científica y tecnológica a la par con la investigación en el campo de las ciencias sociales, las humanidades y las artes creativas.

41

- Artículo 5. (a) El progreso del conocimiento mediante la investigación es una función esencial de todos los sistemas de educación superior que tienen el deber de promover los estudios de postgrado. Deberían fomentar y reforzar la innovación, la interdisciplinariedad y la transdisciplinariedad en los programas, fundando las orientaciones a largo plazo en los objetivos y necesidades sociales y culturales. Se debería establecer un equilibrio adecuado entre la investigación fundamental y la orientada hacia objetivos específicos.

La investigación en acción cuenta con sus aspectos éticos, tales como:

- Trabajo en equipo
- Diálogo efectivo
- Reunión con propósito
- Necesidad
- Plan de acción
- Beneficios
- Confidencialidad
- Consentimiento y asentimiento
- Derecho
- Reportar resultados

La investigación en acción fue descrita por el psicólogo social Lewin (1973), como una espiral de pasos: planificación, implementación y evaluación del resultado de la acción. Kemmis (1988), la define como "una indagación autoreflexiva realizada por los que participan en situaciones sociales para mejorar la racionalidad y la justicia de prácticas sociales o educativas. Bartolomé (1992), indica que es "un proceso reflexivo que vincula dinámicamente la investigación, la acción y la formación."

Es muy importante integrar las competencias de información al contenido del curso que le proveerá al estudiante la oportunidad de desarrollar las habilidades de identificar su necesidad de información para ofrecer alternativas, tomar decisiones informadas y solucionar problemas de forma acertada, según la temática del curso. El componente de revisión de literatura es excelente para trabajar en equipo con los profesores bibliotecarios. Su peritaje facilita el acceso a la información como también redactar las referencias, según el estilo de su disciplina.

Según Pring (2000), las características de la investigación en acción son:

- **Cíclica:** Pasos similares tienden a repetirse en una secuencia similar.
- **Participativa:** Los informantes se implican como participantes activos en el proceso.
- **Cualitativa:** Trata más con el lenguaje que con los números. Aunque se pueden presentar datos cuantitativos.
- **Reflexión crítica:** Establece que el proceso y los resultados son partes importantes de cada ciclo.

Considerando los diferentes modelos de investigación en acción se define como un proceso de cambio que pretende construir y formular alternativas de acción, comprende la realidad educativa y se orienta a mejorar las prácticas; se compromete en la transformación de las prácticas colectivas.

A continuación un ejemplo de una estructura básica de una investigación en acción:

- **Problema**
  - De un grupo de 30 estudiantes de quinto grado, cinco (5) no son lectores independientes, afectando su aprovechamiento académico en todas las disciplinas.
- **Revisión de literatura**
  - Revistas profesionales (Artículos conceptuales y Artículos investigativos)

- Libros (Estrategias o modelos, Cuaderno de actividades)
- Otros
- **Expectativa**
- Lograr que un 80% de los estudiantes (4/5) se conviertan en lectores independientes.
- **Metodología**
  - Pre-Prueba (Obtiene los resultados de la descripción del problema).
  - Indicar cuál ha sido la ganancia en aprendizaje.
  - Estrategias a utilizar (aprendizaje por pares, uso de asistencia tecnológica, técnicas de lectura).
- **Análisis de datos**
  - Obtener datos cuantitativos y cualitativos, comparar entre la pre y la post-prueba, preparar gráficas, reflexionar en términos general.
- **Resultados**
  - Preparar informe de datos agregados.
  - Diseminar los resultados.

Se presentan a continuación algunos modelos procedimentales para la metodología de la investigación en acción en contextos educativos.

- **Pérez Serrano (1998)- Pasos**
  - Diagnosticar y descubrir una preocupación temática "problema"
  - Construcción del plan de acción
  - Puesta en práctica del plan y observación de funcionamiento
  - Reflexión, interpretación e integración de resultados. Replanificación
- **Suárez (2002)- Fases**
  - Determinación de la preocupación temática
  - Reflexión inicial diagnóstica
  - Planificación

- Acción observación
- **Yuni y Urbano (2005)- Fases y Momentos**
  - Preparación o diagnóstica reflexiva
  - Construcción del Plan de acción.
  - Transformación
- **Teppa (2006)- Momentos**
  - Inducción: diagnóstico
  - Elaboración del plan: planificación
  - Ejecución del plan: Observación-Acción
  - Producción intelectual. Reflexión
  - Transformación: Replanificación

El Programa de Preparación de Maestros mediante la experiencia de campo como la pre-práctica y la práctica docente pueden hacer uso de la investigación en acción para colaborar con el Departamento de Educación y los candidatos a maestros tener experiencias reales de acuerdo a su disciplina (español, matemáticas, etc.). Las universidades tienen el reto de revisar toda la plataforma de los Programas de Preparación de Maestros de manera que puedan tomar decisiones con relación a los prontuarios que contemplan el contenido de la teoría y la práctica. Además, pueden hacer la alineación de los estándares profesionales con la visión y misión de la universidad. Las Competencias de Información (acceso a la información-Biblioteca) son parte esencial y vital de la investigación. Finalmente, el proyecto de investigación en acción provee una oportunidad única para solucionar problemas, mejorar la calidad de la educación y atender apropiadamente la diversidad estudiantil.

La recuperación de la práctica profesional educativa mediante la investigación en acción favorece el autoaprendizaje de los maestros y, como consecuencia, la inclusión de modificaciones necesarias en la sala de clases. Sabemos que el éxito de una clase en particular y de un curso en general tiene relación directa con la autorreflexión del docente considerada como autoevaluación, y la planificación que se deriva de ella.

Para una planificación efectiva es necesario tener presente el currículo y las distintas etapas del desarrollo cognoscitivo de los estudiantes, así como las características de los estudiantes y los estilos de aprendizaje predominantes en los participantes de un curso. De igual manera, estructurar los recursos temporales, espaciales e instrumentales que propicien resultados acordes a los estándares y expectativas. En el capítulo que continúa se presentan sintéticamente aspectos que faciliten a los maestros la planificación de sus cursos.

Capítulo 6

Planificación efectiva

> "Si planificas para un año, siembra trigo. Si planificas para una década, planta árboles. Si planificas para una vida, educa personas."
>
> *Kwan Tzu*

Previa a un curso y a una clase es indispensable la planificación de la misma. Así como los atletas se preparan para la competencia y prevén los posibles escenarios de acción para intervenir acorde con ellos según las circunstancias lo requieran, así como los ingenieros conocen el espacio en el que intervendrán y el tipo de materiales que utilizarán en concordancia con el diseño de su modelo, así los buenos profesores elaboran sus planeaciones escolares con base en fundamentos teóricos sobre el aprendizaje, el conocimiento característico de sus estudiantes, la aplicación de las técnicas efectivas de planificación, la prevención del uso de los recursos y el diseño de la evaluación pertinente a los estándares establecidos. La naturaleza de la enseñanza es facilitar el aprendizaje, de ahí que una adecuada planificación sea efectiva sólo si considera los elementos teóricos y prácticos que la sustentan. En este espacio se ofrecen algunos de esos elementos a considerar, esperando que sean de su utilidad y provecho.

Perfil del estudiante

Morrison (2005), presenta la evaluación como el proceso de recoger información sobre el desarrollo, aprendizaje, salud, comportamiento, necesidades particulares y logros de los estudiantes. Las finalidades de la evaluación están relacionadas con los estudiantes, la familia, los educadores, los programas académicos y la comunidad.

Antes de comenzar a planificar es necesario conocer cuáles son las fortalezas y las necesidades de los estudiantes. Esto significa realizar varias actividades para recopilar información valiosa para utilizarla en la planificación del aprendizaje. Ejemplos de algunas actividades:

- Observaciones anotadas
- Entrevistas
- Pruebas de intereses

Perfil de estudiante en educación elemental

Según Núñez (2006), el juego cumple necesidades en la vida del estudiante. Éste debe ser estimulante, divertido, expresivo, experimentar el cambio por sí mismo, satisfacer la curiosidad, explorar, experimentar seguridad y lo más importante jugar. El juego se conoce como el "Trabajo de niño", por su función central en el desarrollo. Se promueve el crecimiento de las capacidades sensoriales y las habilidades físicas, también proporciona oportunidades ilimitadas de practicar y de habilidades intelectuales del estudiante.

Piaget (1961) describe el juego por niveles, en los cuales cada nivel representa una calidad de juego mayor y requiere un nivel alto de destrezas cognoscitivas. Cuando el estudiante empieza a desarrollar un sistema representativo, el juego simbólico, le permite utilizar objetos como representación para otra cosa, de esta forma continúan el desarrollo de las etapas hasta que el estudiante aprende a jugar siguiendo reglas.

A través del juego el estudiante desarrolla:

* Lenguaje oral
* Destrezas de escuchar
* Destrezas sociales
* Conceptos de relación de espacio
* Conservación
* Clasificación
* Apresto a las matemáticas
* Solución de problemas
* Pensamiento lógico
* Conceptos de: medición, comparación, tamaño, números
* Conceptos científicos: gravedad, fuerza, movilidad, y relación de causa y efecto.

El maestro debe instruir al estudiante, ya que muchos autores coinciden en la importante aportación que ofrece el juego al desarrollo cognoscitivo del estudiante.

Perfil de estudiante en nivel secundario

En el perfil de estudiante de nivel secundario al iniciar el curso escolar el maestro debe recopilar toda la información posible para hacer la planificación del proceso de enseñanza aprendizaje. Se puede utilizar la entrevista como herramienta para recopilar información y luego tabularla para poder tener una imagen clara de su grupo de estudiantes. El conocer el trasfondo de los estudiantes ayudará a tener más asertividad en la planificación y por ende en sus logros en el aprendizaje. Algunos aspectos a auscultar de cada estudiante son: sus intereses, el idioma, su cultura, la familia, el estilo de aprendizaje, los recursos económicos, el informe de logros del año anterior, los resultados de las pruebas (PAA), y los resultados de la pre-prueba.

Carta circular vigente

La Carta Circular Núm. 02-2015-2016 establece la política sobre la planificación del proceso de aprendizaje. Incluye procedimientos y prácticas que tienen como objetivos concretos las intenciones pedagógicas determinadas en el currículo. Este proceso brinda mayor coherencia funcional racionalizado las áreas, preparando el material, revisando los contenidos y anticipando situaciones. El plan de clase es un documento oficial de trabajo donde se presentan los objetivos que serán medidos y que sirven de guía para la elaboración de instrumentos de evaluación y avalúo. En esta, se plasma de manera concreta y directa la interacción de los temas transversales con los contenidos de las actividades (inicio, desarrollo y cierre) y el avalúo. Estas actividades deben ir dirigidas hacia el desarrollo de los niveles de pensamiento de las diferentes taxonomías. Mediante unas tablas se presentan los niveles para desarrollar el aprendizaje como lo han expuesto desde sus particulares perspectivas Bloom (1956), Anderson (2001), Webb (2005), Simpson (1967), y Marzano (2000). Con relación a los objetivos instruccionales estos deben tener tres elementos esenciales: situación, acción observable (futuro) y adecuación.

La planificación sirve para organizar el proceso de enseñanza y aprendizaje en forma lógica y secuencial para determinar el logro de los objetivos esperados. Además, permite evidenciar la labor que el maestro realiza y forma parte de su evaluación. El maestro utilizará como referencia el Plan Comprensivo Escolar (PCE), Plan Comprensivo Ocupacional (PCO), Marco curricular de cada programa, Carta Circular del programa, Perfil del estudiante, Proyecto renovación curricular y la Carta Circular de planificación. Contempla las diversas estrategias, la importancia de las actividades (inicio, desarrollo y cierre), acomodos, materiales educativos, diversas asignaciones y reflexión. Esta carta también incluye los siguientes anejos: 1) modelo de formato de planificación diaria, 2) modelo planificación semanal y 3) modelo de ejemplos guías. Se recomienda que los candidatos a maestros en la Pre-práctica analicen el contenido de la nueva Carta Circular de Planificación y los Programas de Preparación de Maestros.

Enseñanza Prescriptiva

La enseñanza diagnóstica prescriptiva es un método que utiliza datos de evaluación para el desarrollo y/o modificación de un programa de instrucción para un estudiante con necesidades especiales. Esta incluye la creación de métodos que se adaptan a las características individuales del estudiante, es un esfuerzo para aumentar el aprovechamiento. Sirve de guía para el ordenamiento de los datos de evaluación, el diseño de intervención para la implantación y la búsqueda de resultados (Parodi, 2005).

1. Diagnosticar consiste en la recopilación de información del estudiante con necesidades especiales a través de pruebas formales e informales.
2. Planificar el Programa Educativo Individualizado (PEI).
3. Implantar el Programa Educativo Individualizado (PEI).
4. Evaluar el Programa Educativo Individualizado (PEI).
5. Revisar el Programa Educativo Individualizado (PEI).

Otra definición de enseñanza prescriptiva es la de Peter (1972): "La enseñanza prescriptiva es un método que utiliza datos de evaluación para el desarrollo y/o la modificación de un programa de instrucción para estudiante con necesidades especiales". La enseñanza prescriptiva incluye la creación o ideación de métodos de enseñanza que se adapten a las características individuales del educando en un esfuerzo por aumentar las probabilidades de que exista realmente un aprendizaje. El modelo de enseñanza prescriptiva sirve de guía para el ordenamiento de los datos de evaluación, diseño de intervenciones, puesta en práctica de las mismas y procesos de evaluación.

Ramos (2003), señaló que los propósitos del proceso de evaluación diagnóstica son determinar si el estudiante tiene un problema de conducta y/o aprendizaje, estudiar las dimensiones del problema del estudiante con una perspectiva multidisciplinaria, determinar la naturaleza de los servicios que el estudiante va a necesitar probablemente para volver a desempeñarse normalmente, planear, diseñar y asegurar un programa de servicios apropiados para satisfacer las necesidades propias de cada estudiante.

Tradicionalmente, los niños y jóvenes incluidos en programas de educación especial se han clasificado o diagnosticado de acuerdo con su necesidad especial. Estas clasificaciones incluyen trastornos emocionales, discapacidades de aprendizaje, retraso mental, discapacidades sociales, económicas, educacionales, visuales, auditivas, de habla, y discapacidades físicas y de salud general. El diagnóstico especial es el proceso de evaluar y analizar el problema de un estudiante con el fin de ofrecerle un programa efectivo que le permita participar con los estudiantes de programa regular.

Pre-prueba/ Post-prueba

Como parte del proceso para hacer una buena planificación y obtener resultados positivos es esencial conocer el perfil del estudiante y al iniciar el año escolar administrar una pre-prueba para recopilar información de las fortalezas y necesidades académicas del estudiante. Luego de obtener dicha información el candidato a maestro o maestro puede comenzar a redactar e implantar el plan de intervenciones educativas. La post-prueba le permite al maestro obtener las destrezas que domina luego de realizar la intervención educativa, las que no llegó a dominar y las que quedaron en progreso. Es importante que en las instrucciones de pruebas o tareas se le incluya una Asistencia Tecnológica de Comunicación (ATC) para recordarle al estudiante la importancia de leer las instrucciones. Un ejemplo de ATC es una imagen o símbolo que el estudiante reconozca como un détente para leer.

Tipos de inteligencias

a. Inteligencias múltiples

Schneider (2005), expone que de Piaget a Gardner la investigación en materia de inteligencia ha evolucionado. Hoy no podemos hablar de la inteligencia como una medida ni como una dotación genética. No hay seres más inteligentes que otros. Hay hombres y mujeres con muchas clases de inteligencias: médicas, albañiles, artesanos y todas aquellas personas expertas, que despliegan todas sus habilidades y destrezas en las tareas propias de su quehacer. Vygostky (2010) señaló que los estudiantes poseen una zona de desarrollo potencial que es deber de la escuela promover y estimular a través del aprendizaje. La diversidad cognitiva es un hecho irrefutable, Gardner (1994) postula nueve estructuras independientes localizadas en diferentes regiones del cerebro, que posibilitan elaborar productos o resolver problemáticas teniendo en cuenta los potenciales desarrollados personales. A continuación se presenta de una descripción extremadamente breve de cada una de las inteligencias múltiples sólo en lo relativo al aprendizaje:

Verbal-lingüística:

- Se destaca en: lectura, escritura, narración, memorización.
- Le gusta: leer, escribir, contar cuentos, hablar, rompecabezas.

- Aprende mejor: leyendo, escuchando y observando palabras, debatiendo, hablando, escribiendo.

Lógico-matemática:

- Se destaca en: matemáticas, razonamiento, lógica, resolución de problemas.
- Le gusta: resolver problemas, cuestionar, experimentar, trabajar con números.
- Aprende mejor: clasificando, trabajando con lo abstracto.

Espacial:

- Se destaca en: lectura de mapas, gráficas, dibujando, laberintos, rompecabezas, imaginando cosas, visualizando.
- Le gusta: diseñar, dibujar, construir, crear, soñar despierto, mirar dibujos.
- Aprende mejor: trabajando con dibujos y colores, visualizando, usando su ojo mental.

Corporal-Kinestésica:

- Se destaca en: atletismo, danza, arte dramático, trabajos manuales, utilización de herramientas.
- Le gusta: moverse, tocar y hablar, lenguaje corporal.
- Aprende mejor: tocando, moviéndose, procesa información a través de sensaciones corporales.

Musical:

- Se destaca en: cantar, reconocer sonidos, recordar melodías, ritmos.
- Le gusta: cantar, tararear, tocar un instrumento, escuchar música.

- Aprende mejor: ritmo, melodía, cantar, escuchando música.

Interpersonal:

- Se destaca en: entender a las personas, liderando, organizando, comunicando, resolviendo conflictos, vendiendo.
- Le gusta: tener amigos, hablar con las personas, compartir con las personas.
- Aprende mejor: compartiendo, comparando, relacionando, entrevistando, cooperando.

Intrapersonal:

- Se destaca en: entenderse a sí mismo, reconociendo sus puntos fuertes y sus debilidades, estableciendo objetivos.
- Le gusta: trabajar solo, reflexionar, seguir sus intereses.
- Aprende mejor: trabajando solo, haciendo proyectos a su propio ritmo, teniendo espacio, reflexionando.

Naturalista:

- Se destaca en: entender la naturaleza, haciendo distinciones, identificando la flora y fauna.
- Le gusta: participar en la naturaleza, hacer distinciones.
- Aprende mejor: trabajando en el medio natural, explorando los seres vivientes, estudiando acerca de plantas y temas relacionados con la naturaleza.

Existencial:

- Se destaca: el estudiante aprende dentro del contexto de la humanidad donde se encuentra.

- Le gusta: reflexionar por qué estamos aquí y cuál es nuestro papel en el mundo (Esta inteligencia es considerada una disciplina por parte de la filosofía).
- Aprende mejor: analizando lo que hace dentro de su panorama.

Morrison (2005), señala que Gardner ha identificado nueve inteligencias que ayudan a los maestros a entender cómo los niños aprenden de formas diferentes y cómo enseñar a los niños de acuerdo con sus distintas inteligencias.

b. Estilos de aprendizaje

A menudo nos preguntamos por las sugerencias específicas sobre las técnicas y las adaptaciones educativas que satisfarán las necesidades del estudiante con impedimentos leves, sin tomar en cuenta que entre él y su compañero de clases regulares no hay de una individualización de la enseñanza, de nuestro tiempo, esfuerzo y dedicación para aminorar sus dificultades de aprendizaje.

La individualización no implica una mera enseñanza por separado ni la preparación de asignaciones por cada estudiante, ni siquiera tutoría. El término se refiere a una planificación educativa entorno a las necesidades particulares del alumno, es decir, a una planificación que provea suficientes actividades que puedan ajustarse adecuadamente a los diferentes niveles de destrezas reflejados en su grupo de estudiantes. La preparación de tareas hacia la enseñanza individualizada facilita la adquisición de conocimientos y el desarrollo del pensamiento crítico.

Debemos estar conscientes de que algunos jóvenes con impedimentos maduran física y mentalmente a un paso más lento que los escolares regulares y, por tanto, podrían tener inherentes un auto concepto deficiente. Podrían pensar que no son capaces de alcanzar satisfactoriamente unas metas personales y ocupacionales, por lo que resulta indispensable atender el nivel de frustración presente en ellos. En todos los aspectos se debe estimular la independencia ya que es sumamente importante para su auto imagen. Muchos de ellos no desean favores especiales ni ayuda necesaria. No se consideran a sí mismos incapacitados porque pueden realizar las tareas aunque de una manera diferente.

Si se desconoce la naturaleza de las condiciones incapacitantes y no se identifica con prontitud al estudiante que tiene impedimento, podría ser perjudicial para que su aprendizaje sea eficaz. El maestro vocacional puede recurrir al personal de orientación. También el maestro se puede entrevistar con los padres o encargados y con los anteriores maestros del estudiante. Incluso, el mismo alumno puede ofrecerle datos valiosos acerca del impedimento, tratamiento y modificaciones indispensables para trabajar eficientemente es su salón de clases.

Es importante que el maestro realice un diagnóstico sobre la ejecución académica del alumno y verifique la información que al respecto aparece en el Programa Educativo Individualizado (PEI). De este modo, identificará las dificultades de aprendizaje y determinará, al inicio de clases, si se requiere modificar los materiales, el curso o algún equipo en particular.

Diversos teóricos han estudiado los estilos de aprendizaje desde sus particulares perspectivas, las cuales aportan conocimiento acerca de los potenciales y limitaciones de los estudiantes al aprender. Reconocemos que la inteligencia es una habilidad, en tanto que los estilos de aprendizaje son modos como los estudiantes procesan la información para aprehenderla. Entre los modelos de aprendizaje predominantes está el de los cuadrantes cerebrales: corticales y límbicos (Herrmann, 1998); el modelo de Felder y Silverman (1987) que explora cinco dimensiones del aprendizaje: sensitiva-intuitiva, visual-verbal, inductiva-deductiva, secuencial-global, activa-reflexiva. El modelo de Kolb (1984) sostiene que el aprendizaje óptimo es resultado de trabajar cuatro fases: actuar, reflexionar, teorizar y experimentar. La Programación Neurolingüística de Bandler y Grinder (1981) enfatiza tres sistemas predominantes para representar mentalmente la información: el visual, el auditivo y el kinestésico. Finalmente, el modelo de los hemisferios cerebrales, enfatiza la predominancia de uno de los dos hemisferios cerebrales en el aprendizaje: el izquierdo o lógico, el derecho u holístico. También está el modelo de las inteligencias múltiples de Howard Gardner, expuesto líneas arriba.

El primer paso para el éxito en el proceso de enseñanza aprendizaje es considerar la forma en que los alumnos utilizan sus canales sensoriales para aprender, es decir, identificar su estilo de aprendizaje. Los maestros deben adaptar el currículo de acuerdo con el canal señorial que tiene disponible el estudiante, motivándolo intrínsecamente para envolverse en el proceso educativo.

Las diferencias entre los estilos cognoscitivos de los hemisferios cerebrales, resultan en diferencias individuales en los estilos de aprendizaje que se han identificado en los seres humanos. El concepto de los estilos de aprendizaje se refiere a las preferencias particulares que cada uno de nosotros exhibe al recibir, al procesar mentalmente y al expresar la información durante el aprendizaje. Los estilos de aprendizaje incluyen tres componentes principales:

- componente cognoscitivo
- componente interpersonal
- componente expresivo

El componente cognoscitivo del aprendizaje es el modo preferido de cada persona de recibir y de procesar la información en el cerebro. Este componente se divide en tres estilos de aprendizaje, de acuerdo a como el estudiante puede procesar la información sensorial que recibe: auditiva, visual y táctil.

Estilo de aprendizaje auditivo

Las personas que exhiben este estilo de aprendizaje prefieren recibir la información en la modalidad sensorial auditiva, escuchando la información que debe ser aprendida. Estos aprendices se sienten más cómodos y aprenden mejor oyendo a las personas hablar. Tienden a mover mucho los labios, a vocalizar y a repetir lo que oyen. Las personas de estilo auditivo recuerdan mejor aquello que han escuchado. Aprenden oyendo y las memorias auditivas predominan en su sistema de aprender. Su cerebro tiene buenas destrezas lingüísticas, secuenciales y analíticas asociadas con el hemisferio cerebral izquierdo. Se benefician de actividades con sonidos y de voces, grabaciones y música.

Estilo de Aprendizaje Visual

Las personas con este estilo de aprender prefieren recibir la información en la modalidad sensorial visual, mirando con sus ojos la información que debe ser aprendida. Estos aprendices se sienten más cómodos y aprenden mucho mejor viendo a los demás, mirando el material, visualizando la información en su mente. Tienden a mover mucho los ojos, a escribir lo que ven, a mantener el lápiz en la mano y recuerdan mejor lo que han visto y leído. Aprenden mirando y las memorias visuales predominan en su sistema para aprender. Su cerebro ha desarrollado buenas destrezas visuales y viso-espaciales y destrezas de procesamiento simultáneo y englobador, que están asociadas con el hemisferio cerebral derecho. Estos aprendices se benefician de las actividades con imágenes visuales, diagramas, dibujos, caras, fotografías, televisión, computadora y otras ayudas visuales.

Estilo de Aprendizaje Táctil-Kinésico

Las personas con este estilo de aprender prefieren recibir la información en la modalidad sensorial somática (del cuerpo) y táctil, tocando con sus manos la información que debe ser aprendida. Estos aprendices se sienten más cómodos y aprenden mejor experimentando, tocando las cosas, palpando con los dedos y moviendo el material. Tienden a mover mucho las manos y a manipular mucho las cosas y los objetos. Recuerdan mejor lo que han tocado y manipulado. Aprenden tocando y las memorias somato-sensoriales predominan en su sistema de aprender. Su cerebro ha desarrollado buenas destrezas táctiles y motoras y destrezas de procesamiento tanto secuencial como simultáneo, que están asociadas con un procesamiento frontal y parietal bilateral. Estos aprendices se benefician de las actividades con objetos y materiales concretos y de diferentes texturas, materiales manipulativos, teclados, instrumentos, herramientas y otras ayudas táctiles y somato-sensoriales.

El componente interpersonal del aprendizaje es el modo preferido de cada persona de aprender individualmente, acompañado o en grupo. Este componente se divide en dos estilos de aprendizaje, de acuerdo con las dos modalidades personales en las que el cerebro puede aprender: individualmente o en interacción con otra persona o con muchas otras personas.

Estilo de Aprendizaje Individual

Las personas con este estilo de aprender prefieren trabajar solas durante las tareas de aprendizaje. Estas personas se sienten mucho más cómodas y aprenden mucho mejor cuando están solas, en espacios que estén libres de ruido, sin socializar y sin otras distracciones interpersonales o ambientales. Estos aprendices necesitan su espacio físico propio para estudiar porque se distraen fácilmente con los demás y no se pueden concentrar mentalmente cuando están acompañados. Manipulan sus propias ideas y forman sus propias opiniones. No dependen de otros para estudiar y aprender.

Estilo de Aprendizaje Social

Las personas con un estilo de aprendizaje social prefieren trabajar acompañadas durante las tareas de aprendizaje. Estas personas se sienten mucho más cómodas y aprenden mucho mejor cuando están acompañados por otros. Necesitan las ideas y opiniones de otras personas y aprenden mejor socializando, con interacción interpersonal. Estos aprendices se benefician con la estimulación de las personas en el grupo y prefieren aprende en espacios físicos que son compartidos con otras personas. Estas personas dependen de otros para estudiar y para aprender.

El componente expresivo del aprendizaje se refiere al modo preferido de las personas para expresar el contenido y la información del aprendizaje. Este componente se divide en dos estilos de aprendizaje: oral o escrito.

• Estilo de Aprendizaje Oral

Las personas con un estilo de aprendizaje oral prefieren aprender hablando y expresando lo que piensan. Se sienten más cómodas y aprenden mucho mejor cuando se pueden expresar oralmente. Recuerdan mejor el contenido expresando oralmente y se benefician de actividades que les permiten expresarse en palabras. Sus memorias son auditivas.

• Estilo de Aprendizaje Escrito

Las personas con un estilo expresivo de aprendizaje escrito prefieren aprender escribiendo, copiando y dibujando lo que aprenden. Estas personas se sienten mucho más cómodas y aprenden mejor cuando pueden escribir el material que están aprendiendo. Recuerdan mejor lo que han podido expresar por escrito y las memorias viso-motoras de la escritura predominan es su sistema de aprender. Estos aprendices se benefician de las técnicas escritas al estudiar.

La importancia de que el maestro de educación especial entienda cómo el estudiante aprende y cuál es el estilo de aprendizaje le permite una planificación de calidad. Tener un modelo de referencia de cómo sus estudiantes aprenden, ayuda a desarrollar estrategias, aplicar los métodos y las técnicas de enseñanza más apropiadas que permitan mejorar su aprovechamiento. El conocimiento del estilo de aprendizaje de los estudiantes, por parte del maestro, ayuda a diseñar experiencias educativas apropiadas (Maldonado, 2008, Standford, 2003).

Entre las diversas formas de estímulo para el aprendizaje se encuentran las siguientes:

1. **El canal auditivo-** en esta forma de estímulo, la persona aprende, entiende y recuerda mejor al oír la palabra hablada. Prefiere la explicación oral, suele relacionar la información con números (cantidades) y puede procesar problemas mentalmente.

2. **El canal visual-** en este canal la persona aprende mejor a través de la palabra escrita en los libros o en la pizarra. Retiene y utiliza mejor la información si la lee o toma notas. Por ejemplo, para trabajar con números o cantidades, la persona prefiere que estén escritos.

3. **La kinestésica-** en el aprendizaje de este tipo se necesita experimentar situaciones reales a través del tacto.

4. **La combinación entre auditivo, visual y kinestésica-** se requiere el envolvimiento total, es decir, una combinación de todas las formas de estímulo.

En el ambiente educativo también se pueden apreciar los estilos de aprendizaje. Para algunos estudiantes es preferible trabajar solos ya que tienen mayor éxito cuando lo hacen así. Otros, sin embargo, no solamente quieren trabajar con uno o más compañeros, sino que también enriquecen su aprendizaje mediante la interacción con el grupo. Un salón limpio, organizado y atractivo también estimulará el aprendizaje.

La reacción de los alumnos ante los diferentes estilos les permite expresar cómo han aprendido más efectivamente. Algunos estudiantes prefieren la expresión oral mientras que otros eligen la escrita ya que pueden obtener excelentes resultados en los exámenes o evaluaciones gráficas.

Los maestros vocacionales pueden determinar los estilos preferidos de aprendizaje mediante la observación de cómo los estudiantes trabajan mejor en el salón de clases o cómo reaccionan en diferentes presentaciones de los materiales instruccionales.

Métodos de enseñanza

Rodríguez (2007) cita a Jaromilex y Foster, en su libro *Teaching and Learning in the elementary school*, presentan y analizan cuatro métodos de enseñanza. En este trabajo se presentan éstos para que el maestro los utilice en el momento apropiado en su salón de clases.

Método expositivo

Se deriva del concepto exposición, que en su forma más simple no es otra cosa que proveer o dar una explicación. La exposición en la enseñanza tiene que ver con la explicación de información que el maestro da al alumno bien sea de datos, hechos, ideas, etc. Para llevar a cabo esta exposición, el maestro utiliza las estrategias a exponer (decir) y explicar. Esta forma asume que hay un contenido, unas destrezas y unos valores básicos que deben ser adquiridos por los estudiantes. Quiere decir que el maestro y los recursos de aprendizaje sirven como guías para llevar la información que ya ha sido dispuesta en términos de su importancia.

Este método es de gran importancia para que el estudiante se adueñe o haga suya la información conjuntamente con las destrezas que se requieran para ello. Es por eso que el aprovechamiento del estudiante se mide en términos de la cantidad de información que el recuerda o cuenta bien o con cuanta precisión puede hacer del uso de la información acumulada.

Método de inquirir

Inquirir es el involucrarse en una búsqueda, haciéndose preguntas, buscando información, para llevar a cabo una investigación. Podemos decir entonces que las estrategias de inquirir en el proceso de enseñanza-aprendizaje son aquellas que logran despertar al estudiante para aprender a cuestionarse, buscar información y llevar a cabo una investigación.

El proceso de inquirir requiere que el estudiante esté activamente envuelto en el aprendizaje. No hay en este proceso un cuerpo fijo de conocimientos y destrezas que tienen que ser aprendidas. La enseñanza permanece abierta. El aprendiz se motiva de tal manera que empieza a imaginar, a curiosear para luego ir a una búsqueda. El estudiante crea su propio estilo de aprendizaje. No hay tanta necesidad de que el enfoque sea en la búsqueda de contestaciones correctas porque de acuerdo a la información que haya disponible en ese momento, se determinarán las conclusiones.

Método demostrativo

En este método hay tres componentes básicos: demostrar, hacer y decir. Es obvio que la demostración puede ser parte importante en las estrategias de exponer o inquirir. Hay momentos en que puede haber una combinación de métodos. Por ejemplo, en un momento dado, el maestro puede estar llevando a cabo un experimento haciendo preguntas de reflexión, luego puede dar la demostración. En otras ocasiones, en vez de usar preguntas, puede ir explicando o diciendo a los alumnos qué se espera, en qué debe fijarse, etc. Este método puede servir para dos propósitos educativos. Puede ser usado para presentar e ilustrar ideas, conceptos y principios. Es más interesante ver lo que sucede que oír lo que sucede.

Método de acción o actividad

El método de acción es diferente a los otros tres métodos discutidos, porque abarca muchos aspectos de vida y aprendizaje dentro del salón de clases. Se requiere que el maestro utilice un estilo de enseñanza que responda a la filosofía del método. Cuando el maestro decide usar este método, toda la atmósfera del salón de clase tiene que ser planeada y debe responder a esa filosofía.

Diseño universal

El Diseño Universal es un enfoque educativo dirigido a enseñar, aprender y evaluar considerando las necesidades individuales de cada estudiante. Es un sistema que une todas las tendencias y conocimientos en la educación contribuyendo así a la adaptación curricular:

* Educación individualizada
* Estilos de aprendizaje
* Investigaciones del funcionamiento del cerebro
* Inteligencias Múltiples
* Taxonomía de Bloom
* Diseño de materiales y actividades instruccionales para lograr que las metas educativas se alcancen.
* Individuos que tienen una gama de diferencias en sus habilidades para ver, oír, hablar, moverse, leer, escribir, entender el idioma, atender, organizarse, entender, captar, y recordar.

- El concepto es aplicable a todos los elementos del currículo y del proceso enseñanza-aprendizaje.
- La base del acceso curricular para todos los estudiantes es el diseño de materiales educativos, lo cual constituye la herramienta principal utilizada para enseñar contenido.
- Uno de los elementos esenciales del concepto es que los acomodos se incluyen en el proceso de planificación en lugar de incorporarse después.
- El acomodo no solamente permite acceso a los estudiantes con impedimentos, sino que para todos hace más fácil la implantación curricular.
- Se logra por medio de materiales y actividades curriculares flexibles que proveen alternativas para estudiantes que poseen habilidades y experiencias diferentes lo cual incluye elementos culturales.

Es importante aclarar que el Diseño Universal no significa que el maestro deba reducir los estándares, bajar los niveles del currículo, enseñar lo mismo de la misma forma a todos o utilizar un método uniforme.

Objetivos instruccionales

Los objetivos educacionales se clasifican por el tipo de aprendizaje que se lleva a cabo. Por ejemplo, pueden ser objetivos cognoscitivos, afectivos y psicomotores. Benjamín Bloom (1956), Lorin Anderson y David Krathwohl (2001) y Elizabeth Simpson (1972), entre otros, presentan un sistema de clasificación de gran utilidad para los maestros que les ayuda a organizar el proceso de enseñanza y aprendizaje. De las tres taxonomías, la cognoscitiva es prácticamente la más que se utiliza en el sistema educativo, sin perder de vista que las demás son tan importantes y se deben desarrollar en forma integrada. Es la idea de enfatizar también en aspectos afectivos y motores que trabajen con las bellas artes y la educación física. Algunas investigaciones han demostrado la importancia de las actividades y experiencias de aprendizaje que se promueven en la sala de clases. Esto se relaciona directamente con el establecimiento de los objetivos que propone cada educador. La pedagogía actual promueve un aprendizaje activo, donde el estudiante se involucra en todas las dimensiones del proceso. El aprendizaje toma lugar a través del comportamiento activo del estudiante (Tyler, 1949). Para lograr este propósito se han revisado varios aspectos del área educativa, entre los que se encuentra el establecimiento de los objetivos. Actualmente se ha sustituido el uso de objetivos instruccionales por los objetivos de aprendizaje y acción observable.

Objetivos de Aprendizaje:

- Un objetivo de aprendizaje puede indicar información valiosa y puede ofrecer una visión general de las cosas que se necesitan para facilitar el aprendizaje de los estudiantes. Los objetivos de aprendizaje pueden convertirse en el criterio para seleccionar los materiales, estructurar el contenido, establecer procedimientos de enseñanza y seleccionar las técnicas de *assessment* necesarias para la recolección de datos y la evaluación.

Principios:

La Profesora Lydia Díaz de Grana, en su libro *Los Objetivos Educacionales: Criterios Claves para la Evaluación del Aprendizaje*, publicado en 1976 por la Editorial de la Universidad de Puerto Rico, indica algunos principios que pueden ser útiles al momento del establecimiento de los objetivos:

- Los objetivos deben ser significativos para el maestro y el estudiante.
- Los objetivos de aprendizaje deben ser realizables.
- Los objetivos de aprendizaje deben ser específicos.

- Los objetivos de aprendizaje deben reflejar objetividad.
- Los objetivos de aprendizaje deben formularse en términos del estudiante.
- Los objetivos de aprendizaje deben indicar una acción observable, una situación y sus criterios de ejecución o adecuación.

Definiciones relacionadas con los objetivos:

- **Acción observable-** se refiere a la actividad visible que realiza el estudiante ante todos los componentes de la sala de clases, la redacción en el objetivo debe ser con un verbo en tiempo futuro. Ejemplo: escribirá, leerá, dibujará, entre otros.
- **Situación-**indica cuales son las condiciones que deben existir dentro de las que el estudiante estará activo. Debe incluir la conducta o desempeño. Ejemplo: mediante actividades de repaso, al finalizar la lección, durante el trabajo en grupo, entre otras.
- **Criterio de ejecución-**indica cuan adecuada o aceptable es la ejecución o rendimiento del estudiante a partir de lo que se espera que logre. Puede indicar cantidad o calidad. Ejemplo: adecuadamente, con precisión, con ayuda de la maestro, por sí solo, entre otras.

Ejemplo de un objetivo: Al finalizar la orientación "Higiene personal", el estudiante mencionará al menos ocho de diez elementos básicos de higiene.

- **Acción observable-** el estudiante mencionará, los elementos básicos de higiene.
- **Situación-** Al finalizar la orientación "Higiene personal".
- **Criterio de ejecución-** al menos ocho de diez.

Tipos de Objetivos

- Objetivos generales:
  Los objetivos generales indican el comportamiento que mostrará el estudiante una vez haya finalizado un curso, programa o alguna unidad. El verbo de este objetivo se puede escribir en tiempo presente o infinito, ya que al ser un objetivo general, no necesita un verbo de acción observable de forma inmediata. En otras palabras, tiene que ver con los objetivos tradicionales o de instrucción, los cuales se pueden medir y cuantificar mediante el logro de los objetivos capacitantes.

- Objetivos específicos:
  Los objetivos específicos indican el comportamiento que mostrará el estudiante una vez haya finalizado una clase, sesión o actividad. Este objetivo es el que se utiliza con mayor frecuencia, ya que los maestros los utilizan en los planes diarios. El verbo de este tipo de objetivo debe escribirse en tiempo futuro, ya que necesita de un verbo de acción observable que indique claramente el comportamiento del estudiante una vez finalizada la clase, y al mismo tiempo es cuantificable. Este objetivo se relaciona con el proceso de aprendizaje en donde se presenta una acción observable, son los objetivos capacitantes.

Los objetivos se pueden establecer de acuerdo al dominio cognoscitivo, afectivo y psicomotor.

- **Objetivos cognoscitivos-** son los que se refieren al proceso de obtención del conocimiento. Ejemplo:
  o Al finalizar la lectura, el estudiante identificará adecuadamente los verbos en pasado, presente y futuro.

- **Objetivos afectivos-** se relacionan con el desarrollo de actitudes, valores, sentimientos y emociones. Ejemplo:
  - o Al finalizar la unidad "Nuestro Planeta", el estudiante reconocerá la importancia de proteger el ambiente.

- **Objetivos psicomotores-** se refieren a la habilidad o destrezas musculares y motoras en el estudiante; las habilidades de manipulación de materiales, instrumentos, objetos, entre otros. Ejemplo:
  - o Mediante trabajo en grupo, el estudiante recortará 10 diez láminas de animales en peligro de extinción.

Objetivos Cognoscitivos

Al desarrollar los objetivos es importante considerar los niveles de pensamiento que se quieren desarrollar en cada actividad. Como se había mencionado, la aportación de Bloom y otros colaboradores ha sido muy valiosa, ya que a través de su taxonomía se pueden establecer los niveles de pensamiento que conducen al objetivo. Así es que se presenta un orden en la taxonomía de Bloom que se aplica al dominio cognoscitivo:

1. **Conocimiento o memoria-** es la adquisición del conocimiento mediante la experiencia, reconocer datos, orden, personajes, procedimientos, listas, entre otros.
2. **Comprensión-** es el entendimiento del conocimiento previo y asociación de las experiencias para darle significado a las mismas.
3. **Aplicación-** una vez la persona comprende la información, entonces la transfiere a una nueva experiencia. Es darle significado propio al aprendizaje de nuevos conceptos.
4. **Análisis-** es la etapa en que la persona puede descomponer la información en subpartes y establecer

otros aspectos de la misma. Es el proceso de investigar, cuestionar, opinar, entre otros.

5. **Síntesis-** se establece una fase de creación en donde se utiliza el conocimiento previo y se organiza para la producción de una nueva experiencia o información.

6. **Evaluación-** es en esta etapa en donde se involucran aspectos subjetivos del ser humano, por lo que se acerca a un nivel afectivo o de autoconocimiento; se requiere la toma de decisiones en cuanto a diferentes situaciones. Es hacer propio o personal lo aprendido y darle significado con la realidad.

Objetivos afectivos

Los objetivos afectivos son tan importantes como los cognoscitivos y los psicomotores, ya que les brinda la oportunidad a los estudiantes de darles sentido a su propio aprendizaje, ya sean a través de experiencias personales, sentimientos, valores o relaciones con los demás. En el libro *Taxonomía de objetivos educacionales* (2001), Krathwohl menciona cinco categorías para el dominio afectivo:

1. **Percepción del estímulo-** se desarrollar un valor a través de diferentes estímulos y experiencias.

2. **Respuesta al estímulo-** el estudiante está dispuesto a responder al estímulo, ya sea voluntariamente, por obligación o por satisfacción propia.

3. **Valorización-** esta etapa implica que la persona tiene que evaluar el valor y tomar decisiones sobre el mismo, tomando en cuenta sus preferencias hasta lograr o no la aceptación.

4. **Organización de los valores-** cuando la persona comprende varios valores puede organizar sus preferencias dependiendo de sus intereses, su personalidad y su propio yo.

5. **Caracterización de los valores**- este es el momento en que la persona pone en práctica o emplea este valor caracterizado por su personalidad.

Objetivos psicomotores

Los objetivos psicomotores son parte esencial del desarrollo de destrezas que implican el movimiento de las partes del cuerpo mediante la manipulación de objetos. En las últimas décadas ha surgido la percepción adecuada de la importancia que tiene el estudio de las habilidades psicomotoras del ser humano y la relación con los procesos de pensamiento. Las nuevas leyes y la visión hacia las necesidades particulares de las personas con impedimentos, han promovido la disposición de recursos fiscales por parte del estado y empresas privadas para el estudio de la manera en que opera el aprendizaje. El objetivo psicomotor resulta más fácil de redactar, ya que se puede evaluar mucho más sencillo y observar el desempeño de los estudiantes. Además, implica la actividad física y el desarrollo de habilidades de coordinación (mente y movimiento).

Taxonomía de Holandsworth & Barbour (1965):

1. **Observación**- en esta etapa la persona observa el procedimiento de la actividad o comportamiento físico.
2. **Imitación**- la persona sigue ciertas instrucciones para realizar una actividad o comportamiento físico.
3. **Práctica**- repetición constante de la actividad o comportamiento físico.
4. **Adaptación**- es la etapa en la cual la persona puede aplicar la actividad o comportamiento físico a otras circunstancias.

Además hay que señalar los niveles establecidos por Kibler, Miles & Barker (1970):

1. **Movimientos generales del cuerpo**- son los movimientos de partes específicas del cuerpo por separado.
2. **Movimientos coordinados del cuerpo**- son los movimientos combinados de las partes del cuerpo.
3. **Comunicación verbal**- se refiere a la coordinación del movimiento corporal con la expresión oral.
4. **Comunicación no verbal**- se refiere a los gestos y movimientos que transmiten un mensaje.

f. Actividades

Según Romero, D., Del Pilar, N. &De Maldonado, G. (2006) las actividades en forma sistemática sirven para facilitar el aprendizaje y alcanzar los objetivos instruccionales. Tres fases a desarrollar en actividades: inicio, desarrollo y cierre.

Inicio

Son aquellas que realiza el maestro para desarrollar interés por el estudio de la unidad. Sirven para introducir la unidad. Son para crear el ambiente y capturar la atención del grupo. Algunos ejemplos: adivinanza, canción, juego, una reflexión breve, etc. Pueden realizarse una o más actividades.

Desarrollo

Inicia con la introducción del nuevo tema y se utiliza para el logro de los objetivos del día. Las actividades deber ser variadas y deben responder a los intereses, capacidades y necesidades de los estudiantes. Deben redactarse en preguntas que contemplen los diversos niveles de pensamiento: comprender, analizar, aplicar, sintetizar, evaluar y crear.

Cierre

Son aquellas que se realizan con el propósito de comprobar cómo se lograron los objetivos de la clase además, existe una relación directa entre los objetivos del día y la actividad final.

Fase concreta: Presentar objetos iguales o parecidos en su forma real.

Ejemplo:

o   Si en la página del libro a trabajar ese día aparecen botones, chapas, paletas, etc. llevar estos en su forma real.

o   Hablar sobre los objetos presentándolos uno a uno.

o   Aclarar el significado, uso, forma, color, tamaño de cada objeto.

o   Hacer un juego parecido al ejercicio que aparece en el libro.

o   Jugarlo sobre una mesa varias veces y fijarse que los estudiantes van comprendiendo la idea del juego.

o   Repetir las instrucciones y los nombres de los objetos cada vez que viene un nuevo jugador.

o   Siempre se debe comenzar a repetir o nombrar los objetos de izquierda a derecha para ir acostumbrando el ojo al movimiento que utilizará más tarde en la lectura.

*   **Fase semi-concreta:**

o   En esta etapa se pueden utilizar siluetas, láminas o carteles. Estos deben estar relacionados o presentados de una forma igual o parecida al ejercicio que ya el estudiante hizo en la fase concreta y que luego hará en la página del libro.

o   Realizar el ejercicio varias veces repitiendo los nombres de los objetos que aparecen en siluetas, láminas siempre de izquierda a derecha refuerza la destreza.

o Ayudar al estudiante que no haya comprendido hasta que no tenga dudas. Luego que el estudiante haya captado la idea, se pasa a la tercera fase.

- **Fase abstracta:**

o Utilizando una página igual a la del ejercicio, el maestro lo presenta y con la ayuda de los estudiantes nombra las láminas o dibujos que aparecen, aclarando significados, usos, formas, tamaños, etc.
o Pegar la página del ejercicio en la pizarra o felpógrafo. Realizar el ejercicio con la ayuda del estudiante. Aclarar cualquier duda que pueda surgir.
o Explicar que va a realizar un ejercicio igual.
o El estudiante hará el ejercicio en su cuaderno (debe haber un grupo cada uno lo hará individualmente).
o El estudiante o los estudiantes realizan el ejercicio. Cada uno debe trabajar solo. El maestro irá alrededor de las mesas observando que se esté llevando a cabo el ejercicio como es debido.
o El maestro ofrecerá ayuda individual.
o Luego de completado el ejercicio se le da oportunidad al estudiante para que coloree las ilustraciones. Esto ayuda a continuar desarrollando los músculos de las manos.
o El maestro aprovechará este tiempo para pasar por cada mesa y corregir los trabajos.

Técnicas de enseñanza

Las técnicas son un medio que conducen a una finalidad. Es el instrumento utilizado por el maestro para transmitir al estudiante la idea o el concepto que facilita el entendimiento. Cada técnica tiene su momento en el proceso de enseñanza aprendizaje. De acuerdo con Rodríguez (2007), algunas técnicas de enseñanza que se pueden emplear en la sala de clases son:

- Conferencias
- Discusiones
- Debates
- Dramatización
- Experimentos
- Laboratorios
- Proyectos trabajo en equipo
- Excursiones
- Películas
- Juegos
- Entre otros

Estrategias de enseñanza

Para que la enseñanza llegue igualmente para todos conviene también modificar las estrategias de enseñanza. Hay que reconocer que el lapso de atención varía entre los niños; unos resisten por más tiempo una lección que otros y sus estilos de aprendizaje son igualmente diferentes. La realización de las adaptaciones sugeridas en este espacio es precisamente lo que hace de la inclusión una filosofía integradora diferente cuyo fin es impedir que algún alumno pueda quedarse atrás.

Estrategias como las siguientes son definitivamente efectivas:

- Simplificar instrucciones y actividades. Muchas instrucciones a la vez pueden confundir a los alumnos con discapacidades; igualmente muchas actividades para una lección. Hay alumnos a los que sólo puede dárseles una sola actividad.
- Repaso, repetición y re-enseñanza cuando fuere necesario dado a la condición de algunos de olvidar con facilidad.

- Hacer mucho uso de información visual.
- Experiencias concretas como excursiones y demostraciones e igualmente materiales.
- Ofrecer mayor oportunidades para practicar las destrezas que así lo ameriten.
- Uso de reforzadores psicológicos y concretos para fortalecer lo aprendido. El uso de estrellas, dibujos, palabras de reconocimiento, palmadas en el hombro, sorpresas e incluso una golosina, son ejemplos de esos reforzadores.

Tecnología educativa

Los estándares de Tecnologías de Información y Comunicación (TIC), proponen condiciones generales de base para que los maestros puedan incorporar las herramientas tecnológicas a su clase. La tecnología educativa es una herramienta que utiliza el maestro para lograr efectividad en el aprendizaje. Algunos ejemplos de tecnología educativa son pizarra, carteles, radio, películas, periódicos, libros, láminas, computadoras, proyector, entre otros materiales. Es necesario clarificar que tecnología educativa no es lo mismo que asistencia tecnológica, la tecnología educativa se utiliza para todos los estudiantes, sin embargo la asistencia tecnológica (material o equipo) es uso exclusivo para el estudiante de diferentes capacidades.

Asistencia tecnológica y/o acomodo razonable

El término "Tecnología Asistencial" nace de diferentes leyes que tratan las necesidades de las personas con discapacidades. Este proceso incluye tanto los aparatos como los servicios necesarios para la efectividad del mismo. Es decir, la asistencia tecnológica se define como cualquier objeto, equipo, sistema o producto adquirido comercialmente, adaptado o construido de acuerdo a las características y necesidades de las personas con impedimentos. La asistencia tecnológica pretende aumentar, mantener o mejorar las habilidades de estas personas. El propósito es lograr que cada uno de ellos logre una independencia, mayor productividad y una mayor integración a la comunidad. Puede ser a través de cualquier aparato simple, como una lupa, un aparato complejo, un sistema de comunicación computadorizado. La asistencia tecnológica posibilita que los estudiantes con discapacidades participen en las clases normales y que aprendan habilidades y conductas que antes no se consideraban posibles.

¿Cómo la asistencia tecnológica puede ayudar a un estudiante con discapacidades?

- Puede ayudar al niño a ser autosuficiente en la casa y la escuela.
- Comunicarse con amigos y familiares
- Salir a interactuar con la comunidad
- Encontrar en su vida adulta un empleo.

Leyes relacionadas con la Asistencia Tecnológica

- Ley (Asistive Technology Act): Es un enmienda aprobada en 1998 donde se requiere que todas las agencias federales hagan accesibles a las personas con discapacidades toda la información electrónica y la tecnología. La sección 508 elimina barreras que pudiesen impedir el acceso a la tecnología de información, provee nuevas oportunidades para personas discapacitadas y apoya el desarrollo de nuevas tecnologías. Bajo la sección 508, las agencias tienen la obligación de garantizar a los empleados y público en general con discapacidades igual acceso a la información.
- Ley ADA (American with Disabilities Act): La Ley para Personas con Discapacidades ampara los derechos civiles de las personas con discapacidades, de la misma

manera como se protegen los derechos de las personas contra la discriminación por razones de raza, color, sexo, país de origen, edad y religión. Garantiza la igualdad de oportunidades a las personas con discapacidades en cuanto al acceso a locales públicos, empleos, transporte, servicios del gobierno estatal y local, las telecomunicaciones.

¿Cómo se determinan los servicios de Asistencia Tecnológica?

Usualmente el proceso comienza con una evaluación de necesidades de Asistencia Tecnológica. Esta evaluación puede llevarse a cabo por la escuela o alguna agencia privada o un consultor independiente. La evaluación debe considerar todas las destrezas que se le hacen difícil de ejecutar el estudiante. Además, es importante determinar las fortalezas, ya que ofrecen una guía para identificar con cual tecnología funcionarán mejor. Se considera el ambiente en la escuela, así como las relaciones con la familia y la comunidad. Mediante este proceso se recomendarán los aparatos o servicios específicos, incluyendo cualquier modificación en el ambiente del niño.

- Equipos de baja tecnología: Son diseños y adaptaciones que requieren de un proceso más sencillo para su funcionamiento. Ejemplo: calendario con letras agrandadas, gomitas de colores para identificar las llaves, aparato para colocar los botones de la ropa, entre otros.
- Equipos de mediana tecnología: Equipos que operan con baterías. Ejemplo: adaptadores para el teléfono, cajita para las patillas, entre otros.
- Equipos de alta tecnología: Son equipos sofisticados que requieren de procesos estructurados y complejos de adiestramiento (por ejemplo, una computadora) o de otros sistemas para su funcionamiento.

De acuerdo con Morrison (2005), es de extrema importancia utilizar la asistencia tecnológica apropiada con los estudiantes con discapacidades. Esta debe cumplir con ciertos criterios como:

1. Una tecnología debe responder a metas específicas y definidas.
2. Una tecnología debe ser compatible con las limitaciones prácticas tales como los recursos disponibles o la cantidad de entrenamiento que se precisa para posibilitar al estudiante y sus familiares.
3. La tecnología debe desembocar en resultados deseables y satisfactorios.

Acomodo razonable

Son prácticas y procedimientos en las áreas de presentación, forma de responder, ambiente y lugar, tiempo e itinerario que proveen acceso equitativo durante la enseñanza y evaluación para estudiantes con impedimentos. La Ley 44, de julio 2 de 1985, define **acomodo** como una "adaptación, modificación, medida o ajuste adecuado o apropiado que deben llevar a cabo las instituciones privadas y públicas para permitirle o facultarle a la persona con impedimento cualificada a participar en la sociedad e integrarse a ella en todos los aspectos, inclusive, trabajo, instrucción, educación, transportación, vivienda, recreación y adquisición de bienes y servicios"

Se debe proveer:

- Beneficios plenos e iguales
- Oportunidad para participar
- Un ambiente integrado o incluido

Leyes Justificando AT Asistencia Tecnológica

- Constitución EU y PR
- Ley de Rehabilitación, Sec. 504
- Ley 44
- Ley ADA
- Ley IDEA
- Ley 51

Descripción de las categorías para los Acomodos

Los acomodos comúnmente se agrupan en 4 categorías:

1. Acomodos de presentación
2. Acomodos de forma de responder
3. Acomodos de ambiente y lugar
4. Acomodos de tiempo e itinerario

Los acomodos no reducen las expectativas para el aprendizaje, estos proveen acceso. Sin embargo, las modificaciones o alteraciones se refieren a prácticas que cambian, bajan o reducen las expectativas para el aprendizaje.

Ejemplo de modificaciones o alteraciones:

- Requiere a un estudiante que aprenda menos material. Ejemplo: menos objetivos, unidades, lecciones, menos páginas o problemas.
- Reducir las asignaciones o evaluaciones de manera que el estudiante solamente necesite contestar los problemas o preguntas más fáciles.
- Tomar decisiones sobre los acomodos con a base de en las necesidades individuales.
- Seleccionar acomodos que reducen el efecto del impedimento para acceder la instrucción y demostrar el aprendizaje.

- Evaluar todo acomodo utilizado por el estudiante.
- Seleccionar acomodos con base en las necesidades individuales específicas en cada área de contenido.
- Documentar los acomodos en el PEI y el Plan 504.

Acomodos Generales

- Sentar al niño al lado de otro que le sirva de modelo.
- Permitir tiempo adicional para completar las tareas asignadas.
- Dividir las tareas largas en varias partes.
- Reducir la cantidad de tareas a realizar en el hogar.
- Dar instrucciones claras y concisas.
- Proveer un bosquejo escrito de la lección a ser aprendida.
- Proveer recesos cortos en las clases.
- Repasar las instrucciones cuando presente nuevas tareas para corroborar si el estudiante comprendió las mismas.

Modificación de los materiales

La selección apropiada de los materiales instruccionales contribuye al progreso educativo del estudiante. Para utilizarlos en el salón de clases se debe preevaluar y deben responder a los objetivos operacionales del curso. No se requiere de unos materiales nuevos para atender las necesidades especiales del alumno con impedimentos sino que se puede hacer cambios en aquellos materiales preparados para los estudiantes regulares.

Con el fin de facilitar esa modificación, el maestro debe diseñar los materiales en una estructura secuencial, incorporando niveles de dificultad. Debe prepararlos de manera que puedan usarse en actividades a corto plazo para medir el dominio de las destrezas y para presentar la información a un nivel que el estudiante puede entender. Así mismo, se debe seleccionar un teme de interés para los alumnos y se debe variar la cantidad y la presentación con las posibles experiencias vivenciales de los estudiantes. Dependiendo del impedimento, se deben preparar materiales visuales, con colores llamativos, materiales sensibles al tacto (pueden ser al relieve) y auditivos.

La ayuda de los recursos audiovisuales es imprescindible en el proceso enseñanza-aprendizaje. Los materiales impresos pueden emplearse con cualquiera de las adaptaciones enumeradas a continuación:

1. Presentar la información fundamental en USB o archivos digitales, cartulinas, gráficas, mapas, maquetas, láminas, dibujos, transparencias, cartelones, diapositivas, con objetos reales, concretos y matemáticos.

2. Clarificar dudas o conceptos, reorganizar las instrucciones y tareas en secuencia lógica mediante los recursos audiovisuales. Estos recursos pueden proveerle al maestro, el tiempo suficiente para ayudar individualmente a sus discípulos. Por ejemplo cuando los maestros de talleres van a enseñar el procedimiento para construir o diseñar algo pueden utilizar modelos, afiches y presentaciones digitales. Modelos que puedan descomponerse en piezas y así mostrarle concretamente al estudiante cómo pueden unirse; afiches que presenten la forma correcta de ordenar las partes o piezas; y archivos digitales que indiquen las instrucciones a seguir.

3. Resaltar las ideas y conceptos principales con marcadores de colores llamativos u oscuros o presentándolos en franjas.

4. Utilizar organizadores avanzados de aprendizaje tales como bosquejos, pre-pruebas claves de las unidades, objetivos de los capítulos, información de trasfondo, resúmenes y guías breves de estudio que se caractericen por la precisión y la sencillez. Se debe estructurar esta guía de estudio con base en diferentes tareas o actividades (en las que se puede incluir ejercicios

de pareo, selección múltiple, identifique, mencione, llena blancos, crucigrama, discusión, dramatización, excursiones, recursos táctiles, visuales y kinestésicos) con el fin de incorporarlas a cada nivel de dificultad. Esas tareas o actividades sirven para desarrollar las rizas al estudiante con términos, ideas o con material nuevo. Facilitan que el alumno memorice o con material información esencial de la unidad o el capítulo bajo estudio. Al maestro le proporcione la oportunidad de ayuda individual de organizar pequeños grupos de discusión.

5. Emplear los materiales para simplificar el vocabulario, las ayudas gráficas y el contenido del curso.

6. Reducir la extensión de las oraciones, párrafos, unidades o segmentos.

7. Proveer evaluaciones constantes considerando la retroalimentación inmediata de la ejecución del alumno.

8. Evaluar al estudiante de acuerdo con los criterios que utilizó en el diagnóstico inicial. La meta principal del programa educativo es que el estudiante con impedimentos se adapte socialmente, que sea un empleado útil y un ciudadano económicamente independiente de las ayudas gubernamentales, se le evaluará en su ejecución consigo mismo y no comparándolo con sus compañeros de clases.

k. Técnicas de avalúo

Tipos de evaluación

El proceso de evaluación se concibe en tres procesos: el diagnóstico, la evaluación formativa y, al final, la sumativa (Vera, 2011).

- **Evaluación diagnóstica:** es la que generalmente se lleva a cabo al inicio de un curso y se realiza mediante

la administración de pruebas para determinar el nivel
de aprendizaje adquirido por los estudiantes. Con estas
pruebas se determinan tanto las debilidades como las
fortalezas. De esta forma se interpretan los resultados
para determinar cuáles son los estudiantes que necesitan
re-enseñanza o alguna ubicación especial de acuerdo al
nivel de desarrollo.

* **Evaluación formativa:** se refiere a la que se lleva a
  cabo durante el curso mediante actividades tales como:
  pruebas parciales, informes, proyectos, asignaciones,
  entre otras. Estas tareas dan seguimiento al aprendizaje
  y le proveen al maestro la información necesaria para
  mejorar o modificar el proceso de enseñanza. De este
  modo, se mantiene un control del nivel de aprendizaje
  (Bloom, 1971).
* **Evaluación sumativa:** es la que se obtiene al final del
  curso. La misma presenta la suma total de los resultados
  obtenidos a través de las evaluaciones anteriores,
  determinando la calificación final de los estudiantes.
  Este proceso sirve de base para la toma de decisiones,
  además, le provee a los directores o administradores
  tener una fuente de información para demostrar la
  calidad de aprendizaje de los estudiantes.

A continuación se describen varias técnicas de observación:

* Récord anecdótico: es un medio que consiste en la
  anotación de todas las características o comportamientos
  que presenta un estudiante durante su participación
  en clase o la interacción en actividades junto a sus
  compañeros. Se lleva un registro para evidencias los
  tipos de comportamientos cuando surgen problemas y
  para informar a los padres sobre las conductas. Según
  Gronlud (1981), existe un modelo que contiene tres
  pasos:

- Una secuencia que incluye los elementos de identificación
- Una parte en la que se describe el incidente o la observación
- Una parte final en donde se hacen comentarios o se interpreta la situación.

• Récord acumulativo: es un historial de progreso académico alcanzado por los estudiantes. El mismo debe proveer información de la familia, salud, condiciones físicas, niveles de inteligencia, habilidades generales y anotaciones especiales de cada estudiante durante su vida o transcurso escolar. En otras palabras, es un medio de evaluación sumativa del estudiante utilizado para la toma de decisiones en cuanto a la ubicación y concesión de ayudas especiales.

• Lista de cotejo y escalas evaluativas: Tanto las listas de cotejo como las escalas evaluativas se utilizan mayormente para medir intereses, actitudes, liderazgo y comportamiento. Este proceso puede ser individual o grupal, y se lleva a cabo en actividades tales como:
- Informes orales y escritos
- Proyectos
- Asignaciones
- Participación en clase
- Laboratorios
- Discusión grupal
- Pruebas de ejecución

• Sociograma: es un medio o instrumento de observación que se utiliza para ilustrar la participación y la dinámica de un grupo en la sala de clases. Este medio permite determinar:
- Participación activa
- Liderazgo
- Integración de grupo

La técnica consiste en formular preguntas en donde requiera que los estudiantes decidan o indiquen con quien quieren compartir o llevar a cabo una tarea. La interpretación del sociograma le permite al maestro tomar decisiones en relación con las actividades de enseñanza y aprendizaje dentro y fuera del salón de clases.

- Entrevista: es un medio que se utiliza para confirmar el aprendizaje luego de una lección. Este medio le sirve al maestro como prueba o examen oral sobre una unidad en particular. Consiste en una serie de preguntas estructuradas en las cuales se presenta un tema o se realiza una investigación.

Tipos de asignación

De acuerdo con Rodríguez (2007), la asignación es un proceso de aprendizaje y de enseñanza basado en la responsabilidad que el estudiante asume para completar una tarea, ya sea de forma individual o grupal. El propósito de la misma es desarrollar en el estudiante mayor interés en las tareas escolares, promover el hábito de estudio, alcanzar la independencia en el trabajo y seguridad en la labor que realiza. A través de la asignación se atienden necesidades específicas, de acuerdo a las diferencias individuales, se estimula al estudiante a trabajar sus potenciales, se refuerza el aprendizaje escolar y amplía las fuentes de revisión de información.

Algunas recomendaciones para clasificar una buena asignación son:

1. Específica y definida
2. Relacionada con el tema de estudio
3. Interesante
4. Adaptada a las diferencias individuales
5. Que active conocimientos previos

6. Cuidadosamente planificada (tiempo)
7. Que desarrolle discernimiento y comprensión

La Carta Circular 02-2015-2016Planificación del Proceso de Aprendizaje, informa que existen tres tipos de asignaciones:

- **Práctica:** para reforzar conceptos o procesos ya discutidos en clase.
- **Preparación:** para exponer al estudiante a unos conceptos o procesos que serán discutidos en clase.
- **Elaboración:** para facilitar la construcción de conceptos y procesos relacionados con los ya discutidos en clase.

Referencias estilo APA

Una de las responsabilidades que tiene el maestro es revisar la literatura de acuerdo al tema y a las destrezas a enseñar. La revisión de literatura es vital para que el maestro tenga seguridad en el proceso de planificar, implementar y evidenciar su preparación. Mediante el uso de las referencias de acuerdo al Manual de Estilo de la American Psychological Association (APA) 6ta edición, el supervisor docente puede tener una idea de los recursos que el candidato a maestro puede utilizar. Es importante reconocer el papel que juega la biblioteca de la universidad y de la escuela al momento que el candidato a maestro comienza a estudiar la fase de planificación.

La integración de las competencias de información al contenido del curso le proveerán al candidato a maestro la oportunidad de desarrollar las habilidades de identificar su necesidad de información para ofrecer alternativas, tomar decisiones informadas y solucionar problemas de forma acertada, según la temática del curso o del tema. A nivel de educación superior el profesor que dicte el curso trabaje con el bibliotecario de forma colaborativa para poder lograr lo anteriormente descrito.

En el modelo del Plan de la Unidad se contempla un área de referencias utilizadas para fortalecer los conocimientos del candidato a maestro y ofrecer a los estudiantes una educación de actualizada y de calidad. A continuación, un ejemplo de algunas de las bases de datos que utilizan las universidades:

EBSCO
- Academic Search Complete
- Professional Development Collection
- ERIC

PRO QUEST
- Dissertation & Theses
- ProQuest Education Journal

HW Wilson
- Education Full Text
- ERIC

Trilogía reflexiva del plan

La reflexión se realiza luego de haber ofrecido la clase del día. Tres puntos ofrecen la oportunidad de que el maestro pueda evidenciar por día y por estudiante los logros alcanzados. También le brinda la oportunidad de acumular la evidencia de los logros de aprendizaje y, finalmente, le permite reflexionar sobre cuáles son las modificaciones para incrementar el aprendizaje. A continuación, ejemplo de una reflexión guiada.

1. Resume los logros en la clase
2. Analiza que aprendió el estudiante y cómo se terminó su aprendizaje
3. ¿Qué cambiarías para incrementar el aprendizaje?

Plan de unidad

a. Descripción

Cada unidad está compuesta por cinco planes. En este manual se expone un modelo de una unidad, redactado por Romero, Pilar y Maldonado (2006). El plan instruccional responde a los estándares profesionales del "Council Exceptional Children" (CEC). El candidato a maestro de educación especial:

1. Planifica en forma individualizada de acuerdo al área del Programa Educativo Individualizado (PEI) y el currículo general.
2. Selecciona, adapta y crea material.
3. Analiza el progreso individual del estudiante.
4. Incorpora la auto-evaluación, solución de problemas u otras estrategias cognitivas para atender las necesidades.
5. Selecciona, adapta y utiliza estrategias y materiales instruccionales a tono con las características individuales de sus estudiantes.
6. Utiliza la asistencia tecnológica y la tecnología.

La planificación es un elemento indispensable para el desarrollo de un programa de alta calidad. El escribir es esencial para determinar cuan efectivo es un buen programa y para asegurarnos de que cumplimos con los objetivos. Redactamos metas y objetivos medibles, según lo establece nuestra disciplina: Programa de Educación Especial. La planificación debe responder al Programa Educativo Individualizado (PEI) de cada estudiante. El documento (PEI) tiene carácter instruccional y legal. Se establecen los servicios educativos y relacionados que el estudiante recibirá durante el año escolar. Mediante una reunión del Comité de Programa y Ubicación (COMPU) se prepara el PEI y se toman decisiones, tomando como base las fortalezas y necesidades del niño o joven. El PEI se revisa cuantas veces sean necesarias y por lo menos una vez al año. El candidato a maestro tiene la responsabilidad de planificar diariamente, según las metas y objetivos descritos en el PEI vigente de cada estudiante

Universidad de Puerto Rico en Cayey

Programa de Preparación Especial
Educación Especial

Unit Plan

Tiempo aproximado de la unidad: 1 semana   Fecha de inicio: 5/sept/2011   Fecha terminación: 9/sept/2011

Candidato(a) Maestro(a): Srta. Prisnelly Colón Santiago   Escuela: Escuela Ramón Emeterio Betances

Grado: Tercer Grado Grupo: Salón Recurso   Estudiante: Francisco Rey

Área(s) desarrolladas según el Programa Educativo Individualizado (PEI) vigente (año escolar).

1. Social Emocional   *5. Lectura   9. Destrezas de ayuda propia y diario vivir
2. Sensorial   *6. Escritura   10. Destrezas de empleo
3. Perceptual Motor   *7. Matemáticas   11. Educación física adaptada
4. Habla y Lenguaje   8. Destrezas pre-vocacionales

Área	Fortalezas	Necesidades	Meta u Objetivo (PEI)
Lectura	➤ Distingue entre el autor y el narrador. ➤ Indica el tema e ideas principales en el texto. ➤ Determina la intención y el propósito del autor a través del texto literario. ➤ Predice temas y establece posibles soluciones referentes al texto.	➤ En el uso del diccionario. ➤ Identificar los personajes de una lectura. ➤ Expresar la moraleja del cuento. ➤ Proyectarse a una audiencia.	Mediante una serie de actividades, Francisco, tendrá dominio de las destrezas de comprensión lectora de un estudiante de tercer grado, sin ayuda.

Estándar de Contenido: (*) Comprensión de Lectura: El estudiante, mediante el dominio de los cinco componentes lingüísticos, examina, organiza, construye y evalúa información de textos literarios e informativos para el desarrollo del pensamiento crítico al escuchar, leer, observar e investigar.

Expectativa: (*) CL.7.16 Reconoce valores culturales propios en el texto literario, los compara y debate con valores culturales de otras naciones. Departamento de Educación (2007).

Además, debe garantizar la individualización, según disponen los estándares del CEC y las Leyes Federales y Estatales vigentes.

El plan de la unidad incluye información general, el área de prioridad del PEI, los estándares y expectativas, los objetivos instruccionales, las actividades. De igual manera, presenta las adaptaciones de asistencia tecnológica y los acomodos, las técnicas de avaluó, la integración de la tecnología, la asignación, las referencias y la reflexión guiada.

Universidad de Puerto Rico en Cayey

Programa de Preparación de Maestros
Educación Especial

Plan Diario

Fecha: 5 de septiembre de 2011
Tema: Cuento "La Gallinita Colorada"

Objetivos específicos:

A través del cuento "La Gallinita Colorada", Francisco...

1. **Cognoscitivo:** identificará los personajes del cuento en tres de cinco intentos.

2. **Psicomotor:** localizará en el diccionario la palabra "Cooperar", con poca ayuda.

3. **Afectivo:** compartirá con sus compañeros tres ejemplos que representen la acción de cooperar, con poca ayuda.

Enumerar Actividades ▲ Inicio ▲ Desarrollo ▲ Cierre	Asistencia Tecnológica (AT)/ Acomodos	Técnicas de Avalúo	Recursos de Aprendizaje (Materiales/Tecnología)	Asignación o Tareas de Aprendizaje
Inicio: 1. La maestra presentará un video titulado "Cooperación". 2. Preguntará al estudiante cuál es su opinión acerca del mismo. 3. La maestra hará en la pizarra un mapa de conceptos sencillo con las ideas que presente la estudiante. **Desarrollo:** 1. La maestra presentará "la caja misteriosa" al grupo (la misma	**AT: Material** ○ Diccionario electrónico, con audífonos (audible) ○ Micas de colores	○ Preguntas directas ○ Ejercicio de Pareo	○ Infocus ○ Computadora ○ Cinta Adhesiva	○ Asignación: práctica.

93

contiene imágenes de los personajes del cuento).		
2. La estudiante sacará una imagen de la caja y mencionara si el personaje es del cuento y cuál es el nombre.		o Láminas
3. La maestra colocará en la pizarra el nombre del personaje utilizando franjas de colores.	AT: Comunicación	o Caja "Misteriosa"
4. Luego, la estudiante colocará la imagen en el escenario que parea con el personaje (los escenarios estarán previamente ubicados en la pizarra por la maestra).	o Símbolo para leer las instrucciones.	
Cierre:	Acomodo:	
1. La maestra hará un breve resumen del cuento previamente discutido y entregará copia del resumen al grupo.	o Fotocopia del resumen del cuento.	
2. Luego le pedirá a la estudiante que busque la definición de "cooperar" en el diccionario electrónico.		
3. La maestra organizará los pupitres de la sala de clases formado un círculo, creando de esta forma un foro.		
4. La estudiante compartirá con el grupo la definición de la palabra y brindará varios ejemplos de lo que significa la misma.		

Referencias:

ᐱ Cooperación. (n.d.) Recuperado de http://www.youtube.com/watch?v=KXPwxhCqa34

ᐱ Gispert, C.; Vidal, J.; y Milán, J.; (2001). *Aprender a Aprender Técnicas de Estudio.* España: MMIV Editorial Oceano.

ᐱ Puig, O. J.; (2008) Guía práctica para la elaboración de ejercicios de medición, "assessment" y evaluación. *Publicaciones Puertorriqueñas, pág. 108*

ᐱ Serrano, M. (1969). *La gallinita colorada.* Buenos Aires: Editorial Sigmar.

Reflexión: Resumen de Logros	Reflexión: Análisis de lo aprendido por el estudiante y cómo se determinó	Reflexión: ¿Qué cambiarías para incrementar el aprendizaje?
ᐱ El estudiante logró todos los objetivos según lo esperado. Además, mostro una actitud de interés y compromiso.	ᐱ El estudiante aporto su opinión sobre el video presentado. ᐱ Logro identificar los personajes del cuento en 3 de cinco intentos. ᐱ Busco la palabra cooperar en el diccionario electrónico con poca ayuda y la compartió con sus compañeros. ᐱ Luego de presentar la definición menciono 3 ejemplos de la misma.	ᐱ Aumentaría el nivel de complejidad en el objetivo cognoscitivo, añadiendo personajes ajenos al cuento presentado. ᐱ Utilizaría un sistema de sonido adecuado en la presentación del video, para una mejor apreciación del estudiante. ᐱ Luego de terminado el foro de la discusión de la palabra cooperar presentaría una imágenes que representen la acción de la palabra para que los estudiantes entiendan mejor el concepto.

Instrucciones para completar el Plan

- Haz un círculo al número que corresponde al plan del día.
- Escribe la fecha en que vas a implantar el plan diario.
  Indica el nivel que el estudiante se encuentra ubicado
- Escribe el grado y el grupo donde el estudiante está ubicado.
- Escribe el nombre del candidato a maestro
- Escribe el nombre del estudiante (Si aplica)

Las áreas desarrolladas del Programa Educativo Individualizado (PEI) son las siguientes:

1. **Social-emocional:** toma en consideración aspectos tales como interacción con pares y adultos, destrezas necesarias para el apego y separación, desarrollo de destrezas para funcionar y participar en actividades de grupo, desarrollo de conductas necesarias para participar en experiencias educativas.
2. **Sensorial:** considera el desarrollo de conceptos de integración de estímulos visuales, auditivos, olfato y gusto, táctiles, propioceptivos y vestibulares.
3. **Perceptor-motor:** incluye aspectos tales como coordinación motriz, coordinación visoespacial, imitación de patrones de movimiento, ubicación de objetos en el espacio, entre otros. Por otra parte, el desarrollo motor (grueso y fino) incluye destrezas tales como correr, subir y bajar escaleras, atrapar y lanzar, movimiento de extremidades, balance, agarre de pinza, ensartar, colocar clavijas, entre otros.
4. **Habla y lenguaje:** incluye aspectos tales como adquisición y uso funcional del lenguaje receptivo y expresivo, necesidades del habla tales como articulación, voz, ritmo.
5. **Lectura***
6. **Escritura***

7. **Matemáticas***

8. **Destrezas pre-vocacionales:** incluye actividades para el desarrollo de los intereses, actitudes y destrezas del estudiante relacionados con el mundo del trabajo. Además, incluye todas las destrezas que requieren trabajar para el disfrute y otras actividades y destrezas que capacitan al estudiante para la vida adulta postsecundaria, incluyendo experiencias en la comunidad.

9. **Destrezas de ayuda propia; diario vivir:** se consideran destrezas de ayuda propia y de diario vivir tales como higiene, alimentación, vestimenta, tareas simples del hogar.

10. **Destrezas de empleo:** relacionada con destrezas para obtener y mantener un empleo y otras destrezas para la vida adulta

*Las áreas de desarrollo de la lectura, escritura y destrezas matemáticas: incluyen aspectos del apresto para el aprendizaje, así como el desarrollo de las destrezas propias de la lectura, la escritura y las matemáticas. Los maestros del programa regular y de educación especial utilizan como referencia para la planificación el documento de estándares y expectativas (2014).

Para planificar la unidad, se recomienda utilizar el Programa de Servicios de su Programa Educativo Individualizado (PEI) vigente de cada estudiante, así como recordar el estilo de aprendizaje de cada estudiante al momento de preparar la unidad.

Objetivo(s)

Los objetivos serán clasificados en los tres dominios cognoscitivo, psicomotor y afectivo. Cada objetivo incluirá en su redacción la siguiente estructura: situación, acción o conducta observable y criterio de ejecución o adecuación.

Materiales y equipo

Describir los materiales, equipos y asistencia tecnológica necesarios para llevar a cabo todas las actividades de cada sesión al planificar.

Momentos de la clase

La redacción de estas actividades se hará en el mismo orden en que se deben llevar a cabo en la clase: Inducción, Desarrollo y Cierre Pedagógico.

Asignación o tarea de aprendizaje

No necesariamente se incluirán asignaciones en todas las sesiones de clase.

Reflexión

Escribe un enunciado breve analizando la ejecución de la clase en relación a con las actividades tipos *"feedback"*, evaluación de estilo, estrategia y/o modelo de enseñanza seleccionados, finalmente la comparación entre el plan desarrollado y su implementación operacional. Además, utiliza la información para tomar decisiones para la próxima clase.

Rúbrica

Existe multiplicidad de técnicas de avaluó que el maestro o profesor de una institución de educación superior pueden utilizar. La importancia de tener una técnica es que sirve para guiar los criterios a evaluarse en una actividad o proyecto. Es necesario que se le explique al estudiante o al candidato a maestro antes de realizar el trabajo. A continuación un ejemplo de una rúbrica utilizada en el Programa de Educación Especial de la Universidad de Puerto Rico en Cayey

Apéndice: 3 Rúbrica para verificar la unidad del plan de acuerdos a los estándares del Council Exceptional Children Criterio	Sobresaliente 3	Aceptable 2	Incompleto 1	Puntuación obtenida
1. El candidato a maestro incluye: fecha, nombre del estudiante, nivel, grado o grupo.	Incluye correctamente la información.	Incluye parcialmente la información.	No incluye la información.	
2. Identifica las áreas de prioridad del Programa Educativo Individualizado (PEI) del estudiante.	Identifica correctamente el área de prioridad del Programa Educativo Individualizado (PEI),así como las fortalezas, las necesidades, metas u objetivos.	Identifica parcialmente el área de prioridad del Programa Educativo Individualizado (PEI),así como las fortalezas, las necesidades, metas u objetivos.	No identifica el área de prioridad del Programa Educativo Individualizado (PEI), así como las fortalezas, las necesidades, metas u objetivos.	
3. Prepara la unidad considerando los estándares y expectativas estatales o locales.	Utiliza efectivamente los estándares y las expectativas para preparar el plan de al unidad.	Utiliza satisfactoriamente los estándares y las expectativas para preparar el plan de la unidad.	No utiliza los estándares y las expectativas para preparar el plan de la unidad.	
4. Alínea los objetivos del plan de la unidad con las metas u objetivos del Programa Educativo Individualizado (PEI).	Los objetivos del plan de la unidad están correctamente alineados con las metas u objetivos del Programa Educativo Individualizado (PEI).	Los objetivos del plan de la unidad están parcialmente alineados con las metas u objetivos del Programa Educativo Individualizado (PEI).	Los objetivos no están alineados con las metas u objetivos del Programa Educativo Individualizado (PEI).	
5. Redacta los objetivos en conducta observable y ordenados secuencialmente.	Los objetivos están correctamente redactados en conducta observable y ordenados secuencialmente.	Los objetivos están parcialmente redactados en conducta observable y ordenados secuencialmente.	Los objetivos no están redactados en conducta observable, ni ordenados secuencialmente.	

6. Establece los criterios de desempeño de los objetivos.	Los criterios de desempeño están establecidos claramente.	Los criterios de desempeño de los objetivos están parcialmente establecidos.	Los criterios de los objetivos no están establecidos.
7. Presenta las actividades de inicio, desarrollo y cierre de acuerdo con los objetivos.	Presenta efectivamente los objetivos y los conecta con las actividades de inicio, desarrollo y cierre.	Presenta satifactoriamente los objetivos y los conecta con las actividades de inicio, desarrollo y cierre.	No presenta los objetivos conectados con las actividades de inicio, desarrollo y cierre.
8. Utiliza una variedad de estrategias de enseñanza al diseñar el plan de la unidad.	Utiliza efectivamente una variedad de estrategias de enseñanza al diseñar el plan de la unidad.	Utiliza satisfactoriamente una variedad de estrategias de enseñanza al diseñar el plan de la unidad.	No utiliza una variedad de estrategias de enseñanza al diseñar el plan de la unidad.
9. Planifica los contenidos, recursos y estrategias que respondan a la cultura, lingüística y diferencias de género.	Los planes están directamente relacionados con todas las secciones del Plan de la Unidad.	Los planes están satisfactoriamente relacionados con las secciones del Plan de la Unidad.	Los planes no guardan relación directa con todas las secciones del Plan de la Unidad.
10. Selecciona los contenidos, recursos y estrategias que respondan a la cultura, la lingüística y diferencias de género.	Integra efectivamente los contenidos, recursos y estrategias de manera que respondan a la cultura, la lingüística y diferencias de género.	Integra parcialmente los contenidos, recursos y estrategias de manera que respondan a la cultura, la lingüística y diferencias de género.	No integra los contenidos, recursos y estrategias que respondan a la cultura, la lingüística y diferencias de género.
11. Selecciona los materiales adaptados (AT) e indica los acomodos son apropiados, según las necesidades del estudiante.	Utiliza efectivamente los materiales adaptados (AsistenciaTecnológica) e indica los acomodos que son apropiados, según las necesidades del estudiante.	Utiliza parcialmente los materiales adaptados (Asistencia Tecnológica) e indica los acomodos, según son apropiados, según las necesidades del estudiante.	No utiliza los materiales adaptados (Asistencia Tecnológica), ni los acomodos apropiados, según las necesidades del estudiante.

	Criterio			
	12. Utiliza una secuencia de la unidad con las respectivas lecciones diarias.	Organiza efectivamente y en secuencia apropiada la unidad y las lecciones diarias.	Organiza satisfactoriamente y en secuencia apropiada la unidad y las lecciones diarias.	No organiza efectivamente y en secuencia apropiada la unidad y las lecciones diarias.	
	13. Demuestra conocimiento del currículo en su área de desempeño.	Demuestra pleno conocimiento del currículo.	Demuestra conocimiento satisfactorio del currículo.	No demuestra conocer el currículo.	
	14.Toma decisiones para lograr el aprendizaje de los estudiantes.	Toma decisiones efectivas para lograr el aprendizaje de los estudiantes.	Toma decisiones satisfactorias para lograr el aprendizaje de los estudiantes.	No toma decisiones.	
	15. Diseña actividades individuales y en grupo.	Diseña efectivamente actividades individuales y en grupo.	Diseña satisfactoriamente actividades individuales y en grupo.	No diseña actividades individuales ni en grupo.	
	16.Incorpora la asistencia tecnológica en las actividades y en el contenido educativo (estrategias de comunicación aumentativas y alternativa (ACC) ; otras.	Incorpora efectivamente la asistencia tecnológica.	Incorpora satisfactoriamente la asistencia tecnológica.	No incorpora la asistencia tecnológica.	
	17. Documenta el aprendizaje de los estudiantes mediante los resultados de la técnica de avalúo.	Documenta efectivamente el aprendizaje de los estudiantes utilizando los resultados de la técnica de avalúo.	Documenta satisfactoriamente el aprendizaje de los estudiantes utilizando los resultados de la técnica de avalúo.	No utiliza instrumentos y técnicas de avalúo.	

18. Promueve la participación activa de los miembros de la familia. Ejemplo: (Asignación)	Promueve efectivamente las actividades con los miembros de la familia como participantes activos en el proceso educativo y utiliza la información obtenida para la re-enseñanza y el desarrollo continuo del estudiante.	Promueve satisfactoriamente las actividades con los miembros de la familia como participantes activos en el proceso educativo y utiliza la información obtenida para la re-enseñanza y el desarrollo continuo del estudiante.	No promueve las actividades con los miembros de la familia como participantes activos en el proceso educativo y utiliza la información obtenida para la re-enseñanza y el desarrollo continuo del estudiante.
19. Reflexiona acerca del proceso de aprendizaje de sus estudiante.	Utiliza efectivamente las preguntas de reflexión en el proceso de enseñanza y realiza las modificaciones de ser necesario.	Utiliza satisfactoriamente las preguntas de reflexión en el proceso de enseñanza y realiza las modificaciones de ser necesario.	No realiza las preguntas de reflexión en el proceso de enseñanza ni las modificaciones necesarias.
20. Utiliza diversa fuentes de información para la preparación del Plan de la Unidad.	Evidencia efectivamente que utiliza las diversa fuentes de información para la preparación de la Plan de la Unidad.	Evidencia satisfactoriamente que utiliza las diversa fuentes de información para la preparación del Plan de la Unidad.	No evidencia utilizar las diversa fuentes de información para la preparación del Plan de la Unidad.
21. Describe y organiza las referencia, según el estilo APA.	Utiliza correctamente el estilo APA para describir y organizar las referencias.	Utiliza satisfactoriamente el estilo APA para describir y organizar las referencias.	No utiliza el estilo APA para describir y organizar las referencias.
22. Demuestra habilidad para escribir organizada y correctamente el Plan de la Unidad.	Demuestra efectivamente habilidad para escribir y organizar correctamente el Plan de la Unidad.	Demuestra satisfactoriamente habilidad para escribir y organizar correctamente el Plan de la Unidad.	No demuestra habilidad para escribir y organizar correctamente el Plan de la Unidad.

23. Utiliza el vocabulario apropiadamente relacionado con la disciplina de educación especial.	Utiliza efectivamente el vocabulario apropiado de la disciplina de educación especial.	Utiliza satisfactoriamente el vocabulario apropiado de la disciplina de educación especial.	No utiliza el vocabulario apropiado de la disciplina de educación especial.
24. Incluye las lecciones del plan articulando los procedimientos, actividades y técnicas de avalúo.	Incluye de 12 a 15 lecciones articulando los procedimientos, actividades y técnicas de avalúo.	Incluye de 8 a 11 lecciones articulando los procedimientos, actividades y técnicas de avalúo.	Incluye 6 o menos lecciones articulando los procedimientos, actividades y técnicas de avalúo.

Informe de progreso

El informe de progreso se obtiene de los planes diarios. Llevar un registro del progreso de acuerdo a con los objetivos permite que el maestro pueda emitir un informe. El Programa de Educación Especial en el Manual de Procedimientos (2014) presenta los niveles para evaluar las destrezas. En educación especial, cada diez semanas hay que presentar a los padres, por escrito, un informe de progreso (4 veces). Esto le permite al maestro tomar decisiones en cuanto a la planificación. Si no se evidencia progreso en las primeras 10 semanas, se pueden tomar medidas para que en las 20 semanas se note algún progreso. Con el informe de progreso los maestros pueden redactar informes con datos cuantitativos y cualitativos. La responsabilidad de informarles a los padres es una función legal e instruccional.

Reflexión final

La reflexión en el que hacer educativo es una herramienta que el profesor que dicta el curso puede hacer de acuerdo con los objetivos y temas especificados en el prontuario. La especificidad en una reflexión guiada de acuerdo al con el contenido del curso. Esta técnica sirve para verificar si el candidato a maestro cumple con los estándares profesionales de su programa. A continuación un modelo desde la experiencia de campo como la pre-práctica:

1. La experiencia previa de la pre-práctica...
2. El código de vestimenta...
3. Las cinco visitas para recibir asistencia técnica por parte de la profesora me ayudaron ...
4. Las cinco actividades de desarrollo profesional me permitieron...
5. Los conocimientos obtenidos en el Curso...
6. Preparar la bitácora educativa estableció...
7. El cronometro de las actividades me permitió...

8. Realizar la fase administrativa me permitió...
9. Preparar el opúsculo del bullying...
10. La comunicación con el director escolar, maestro de educación especial y el maestro regular...
11. La experiencia con los padres...
12. Mantener la confidencialidad de la información obtenida de los miembros del COMPU...
13. Los seis talleres de acceso a la información....
14. La asistencia técnica recibida por parte de los bibliotecarios...
15. Preparar las referencias en estilo APA...
16. La importancia de hacer el perfil del estudiante es...
17. El componente de la planificación implicó...
18. Entender lo que es un estándar, una expectativa es importante porque...
19. Revisar el Programa Educativo Individualizado...
20. El análisis de tarea permitió...
21. Hacer la Pre-prueba...
22. La importancia de considerar el contexto social, cultural, y lingüístico, al momento de redactar los planes de la unidad....
23. La importancia de individualizar es...
24. Utilizar la asistencia tecnológica para la comunicación...
25. Utilizar la asistencia tecnológica para los materiales...
26. Los acomodos...
27. La reflexión guiada del plan de la unidad me permitió...
28. De acuerdo con la Carta Circular del Departamento los tres tipos de asignación son...
29. Administrar la post-prueba...
30. El informe de progreso...
31. Comunicar el progreso a los padres es importante porque...
32. Trabajar con las tres áreas: matemáticas, lectura y escritura me ayudaron...
33. El autocontrol...

34. En términos generales las experiencias en la Pre-Práctica y en la intervención educativa me brindaron las siguientes herramientas...
35. La oportunidad de solucionar problemas en el funcionamiento de las destrezas del estudiante y el auto control como maestros es importante porque...
36. El mejoramiento profesional es continuo y recomiendo...
37. El portafolio electrónico me permite...

Autoevaluación

El proceso autoevaluativo merece atención especial en los candidatos a maestros para asegurar que las experiencias en el ámbito de la sala de clase y la experiencia de campo como la pre-práctica sean transferidas a la experiencia clínica (práctica docente). La autoevaluación le sirve al estudiante para reconocer su progreso, sus fortalezas, debilidades, logros y dificultades. Se sugiere que los candidatos a maestros incluyan en su agenda revisar que cumplan con lo establecido en los cursos universitarios y que adopten la medida para asegurar que en las experiencias de campo también cumplan con los requisitos establecidos.

De acuerdo con Ortiz (2007), los objetivos a desarrollar mediante la autoevaluación del candidato a maestro son: a) propiciar un aprendizaje autónomo, b) conseguir una mayor implicación en su propio aprendizaje, c) elaborar juicios y criterios personales, d) que el candidato asuma responsabilidades sobre su proceso educativo, e) que tome decisiones de acuerdo con las necesidades adoptadas, f) asumir conciencia de las posibilidades reales, y g) fomentar la autoestima y responsabilidad en la actividad realizada. Es conveniente examinar la efectividad y los alcances de este proceso evaluativo por parte del estudiante. Para ello, se han realizado varios estudios empíricos en diferentes asignaturas o materias. aumentar la autoeficacia poseen no sólo mejores destrezas de matemáticas, sino también un sentido poderoso de auto creencia en su habilidad para tener éxito en los cursos.

Boehm (2005) señala que la autoevaluación en la Educación de Agricultura tiene ciertos beneficios. Como parte de la evaluación de un proyecto, dicho investigador entrevistó a varios estudiantes que tuvieron la oportunidad de autoevaluarse y encontró que dicha modalidad provee para que estos aprendan lo que se les ha enseñado y que obtengan mejoras en las tareas asignadas.

En cuanto a las técnicas que se pueden utilizar para llevar a cabo la autoevaluación, varios autores no sólo han opinado sobre éstas, sino que las han estudiado. Por ejemplo, Saddler y Andrade (2004), opinan que el uso de las rúbricas ayuda al estudiantado a desarrollar destrezas de autorregulación, necesarias para manejar con éxito la escritura. Estos afirman que crear la lista de criterios y la descripción de los niveles de calidad no sólo ayuda al alumno a entender cómo va a ser evaluado, sino que es una herramienta valiosa para guiarlo en la planificación, el logro de las metas y la revisión y edición de su propio trabajo. En resumen, está en la capacidad de reflexionar, tomar acción y que cada candidato a maestro demuestre su desempeño de acuerdo con los estándares profesionales. Se espera que como egresado cumpla con las normas de trabajo de su institución y demuestre el compromiso realizando trabajo con alta calidad. El aumentar la autoeficacia, sino también un sentido poderoso de auto creencia en su habilidad para tener éxito en los cursos.

Hasta este momento hemos atendido los compromisos de los maestros que se preparan para la educación especial y hemos ofrecido aspectos a tener en cuenta en su formación. Es momento de voltear a ver a los padres de familia, presentar su experiencia con hijos en discapacidad, así como algunos de los problemas y satisfacciones que enfrentan. Esto se podrá ver en las siguientes páginas.

Capítulo 7

Experiencia de un padre especial

"Educar es adiestrar al hombre para hacer un buen uso de su vida, para vivir bien; lo cual quiere decir que es adiestrarse para su propia felicidad."

Antonio Maura

Cuando nace un hijo en la familia diagnósticado con alguna necesidad especial los miembros adquieren nuevos papeles y el sistema se reorganiza (Bronfenbrenner 1986). La narración de la experiencia del profesor Adolfo Porrata Doria en su escrito "Ser impedido no es sinónimo de ser inútil", nos ilustra como fue su experiencia vivida y los retos que tuvo que enfrentar con su hija Rivqa; diagnosticada con perlesía cerebral.

Es importante destacar que la experiencia vivida por el profesor Porrata Doria ha servido de porta estardarte para valorar a los padres que con su esfuerzo y apoyo se convierten en facilitadores para sus hijos. Se puede denotar que la participación y colaboración de los padres en los procesos educativos se traduce en logros académicos. Los padres necesitan adquirir fortaleza y desarrollar autodeterminación y autogestión para contribuir a una mejor educación y calidad de vida para todos. Las leyes federales y estatales aplicables al Departamento de

Educación de Puerto Rico reconocen el trabajo colaborativo. Hay que reconocer que los maestros no pueden trabajar solos. Los candidatos a maestro deben tener una comunicación efectiva con los profesionales y los padres. Para formar comunidades inclusivas hay que fortalecer los valores humanitarios y sociales. A continuación la experiencia narrada por un padre:

"Luego de nuestro matrimonio, pasaron unos pocos años y mi esposa quedó embarazada. Ciertamente no la "planificamos", pero la esperábamos con mucha excitación y deseo de recibir un hijo o hija. Mi esposa pensaba que iba a ser varón y pensaba llamarlo David. Yo, sin embargo, que si bien podría ser varón, también pensé que podría ser hija y propuse varios nombres femeninos. Rebeca era uno de ellos. La inscribí como Rivqa, trasliteración del nombre hebreo, tal como aparece en la Torah.

En una noche de diciembre hace más de 30 años atrás, nos nació nuestra primera hija. Poco después pasó frente a mí en un pasillo medio obscuro cuando la llevaban desde la sala de parto hasta la sección de pediatría, pude observar su rostro azulado. La llevaba a toda prisa, pues requería oxígeno, según dijeron.

Días más tarde, salía del hospital sin ninguna advertencia de la condición de su nacimiento. Nunca apareció su APGAR, medida de la condición de su nacimiento. Notamos que el lado izquierdo del cráneo estaba hundido, lado donde normalmente están las áreas del habla, especialmente el área de Broca. El área de Broca tiene que ver con la producción del lenguaje. Al nacer, el ginecólogo usó el forceps y este le hundió ese lado del cráneo.

Recibimos nuestra hija con deseos de ser padres ejemplares. La aceptamos en nuestras vidas. Pasado varios meses notábamos el retraso del desarrollo de nuestra hija. A medida que pasaban los meses y los primeros años, era cada vez más y más evidente sus impedimentos. Nos preocupamos. Acudimos a una variedad de médicos en Puerto Rico. Poca información nos dieron. Parecía que quisieron proteger al ginecólogo que atendió el parto.

En un verano, nos fuimos a Boston unos 17 días para que la examinaran y nos dieran un diagnóstico. Teníamos el temor de que fuese hereditario. De ser así, evitar tener más hijos. Eventualmente nos llegó el diagnóstico por eliminación: perlesía cerebral: le faltó oxígeno en algún momento. El uso de forceps también le causó deño en el lado izquierdo del cerebro. Nada de esto es hereditario.

Rivqa hablaba por varios años enunciados de no más de dos palabras. Aproximadamente a los cuatro años de edad, combinaba en secuencias rápidas dos grupos de dos palabras, formando así enunciado de cuatro palabras. Su lenguaje fue mejorando, pero de adulta, es claro que su hablar no es normal. El problema parece estar más relacionado con la producción del lenguaje [área de Broca] que con el entendimiento [área de Wernike]. Su entendimiento es muy superior a su habilidad de hablar.

Rivqa tardó mucho en poder caminar. Como a los cuatro años, conseguimos prestado un andador de su tamaño. Así pudo caminar. Al día siguiente, en un descuido, salió de la casa y ya salía por el portón del barrio, barrio rodeado por una verja, cuando mi esposa la localiza. Estaba decidida a ir al supermercado [a unos tres kilómetros] para comprar pan y leche para su abuela materna con el "playmoney" que tenía en la cartera. Estaba decidida. Eventualmente dejó de usar un andador y usaba dos muletas. Finalmente, usa un bastón, más que nada para darle seguridad y poder caminar a un paso razonable.

Mi esposa y yo reconocimos los múltiples impedimentos de nuestra hija. Nos pusimos de acuerdo en tratar entrenarla para ser lo más independiente posible. Si ella lo podía hacer, que lo hiciera ella. La podríamos vestir en menos de 10 minutos. Ella se tardaba cerca de una hora. Sin embargo, ella era la que se vistió. Si podía bañarse, que sea ella que lo haga. Si podía comer sola, aunque inicialmente formara un reguero, ella lo hacía. Así fuimos fomentando un sentido de voluntad por esforzarse y de superarse. Le reforzamos todos sus logros. Eran lentos, pero eran logros de ella, no nuestros. No faltaron los entrometidos que hacía comentarios despectivos por exigir cierta disciplina. Si había que atravesar una calle, le exigía que esperara a que pasaran los autos para que pudiera hacerlo a su paso lento. Hubo irresponsables que la invitaban a atravesar la calle cuando no debía.

Un día hubo que subir una escalera larga en la parte de atrás del edificio donde trabajaba. La podría cargarla por una escalera larga y llegar arriba en menos de un minuto. Con calma y paciencia, la hacía subir la escalera y llevar con ella sus muletas. Subía lentamente la escalera. Se cansaba luego de subir unos cinco escalones. Parecía rendirse. Le dije:"Pues hija, siéntate". Pasado un minuto, le decía que se levantara y siguiera subiendo. Así lo hizo. Luego de casi media hora, llegó arriba. Al momento la felicité. Le dije que ya podía ver que lo logró. Su cara reflejó una sonrisa: sabía que había hecho lo que creyó que no podría hacer. Así fue la disciplina que usé con ella vez tras vez.

Tratábamos de evitar restringirle sus movimientos cuando iba a jugar. Un día salió de casa. Pasado mucho tiempo, salí para saber de ella. Ella se había trepado en uno de los laterales de unos columpios de unos vecinos y quedó enganchada las rodillas en un tubo lateral con la cabeza hacia abajo por un lado y los pies por el otro. Ella permaneció así en silencio. Al verla, acudí a auxiliarla. No la regañé por haber trepado: eso era un logro. La regañé por haber quedado así y no gritar, pidiendo auxilio.

Otro día trepó un árbol. Luego pidió auxilio, pues no se atrevía bajar. En un momento le dije que se dejara caer y que la recogía. Aunque pude frenar su caída, la experiencia fue suficiente como para no volverlo a hacer. No hubo que regañarla o de castigarla de otro modo.

Le dimos todas las oportunidades posibles. En un momento, quise comprarle un carrito donde pudiera correr por el barrio. Inicialmente, pensé en uno con motor eléctrico. Sin embargo, examinando muchos de ellos, no me decidía por ninguno, pues ella parecía muy grande para esos carritos. Luego de ver muchos lugares con tales carritos, vi un tractor con pedales como de bicicleta, pero tenía cuatro ruedas, dos grandes atrás y dos pequeñas al frente. Se lo compré el día antes de su cumpleaños. Sólo quedaba la muestra, por lo que ya estaba montado. Cuando lo lleve a casa, no pude esconderlo, por lo que se lo di ese día. Teniendo pedales como de bicicleta, le ayudaría a desarrollar coordinación de movimiento de las piernas.

Llevamos a Rivqa al Centro Margarita. Tratamos de hacer todo lo que nos indicaron. A pesar de lo agotador de los ejercicios, no vimos progreso. Lo intentamos, pero no funcionó.

Cuando nos percatamos de que las escuelas públicas y privadas no podían darle el tratamiento que ella requería, nos mudamos por tres años a Boston. Allá fue que aprendió al leer. Una maestra peruana traía de allá un método de enseñanza de lectura fonética pero lo hacía asociando unas ilustraciones de navaja, carrafa, taza, casa, llama [el animal, no el fuego, animal común en Perú] ... en que asociaba las consonantes con la a, luego presentaba combinaciones con a y o, luego con a, o y u. Finalmente lo mismo con e y con i. Así poco a poco aprendía las diversas destrezas de lectura en español. Cuando estuve en Perú años después, no pude localizar quien enseñaba tal método. La experiencia fue un sacrificio para mi esposa y más aún, para mí. Al regresar, habíamos agotado todos nuestros ahorros y medios económicos. Debo mencionar que mi nuestra hija menor adquirió inglés. En la escuela aprendió a leer en español y en casa aprendió a leer en inglés.

Traté de enseñarle a guiar. Compré un go-kart de dos asientos. Parte del tiempo yo guiaba y le decía lo que hacía. Luego nos cambiamos de asiento y era ella la que trataba de guiar. Nos íbamos al estacionamiento del parque de pelota cuando había pocas personas y el estacionamiento estuviera casi vacío. Practicamos muchas veces. Me percaté que su descoordinación de movimiento no le iba a permitir guiar con seguridad. Tuvo la oportunidad. Sólo que no pudo. Le interesó aprender a usar computadoras. Recibió lecciones en la universidad en un curso sin créditos, donde me senté a su lado para apoyarla. Ahora ella usa la computadora. Tuvo la oportunidad y pudo tomar ventaja. Sus gustos son algo infantiles, pero ella puede estar entretenida con una computadora por horas.

Le conseguimos muchos rompecabezas. A pesar de sus movimientos bruscos, lograba montarlos. Siguió montando todo tipo de rompecabezas: rompecabezas de dos dimensiones, de tres dimensiones, de uno que tenía el mismo diseño por los dos lados, rotado 90 grados ... y en esto ha logrado excelencia. En una ocasión montó siete rompecabezas, un sobre el otro y con diseños similares. Tuvo la oportunidad y pudo tomar ventaja y destacarse. Su percepción espacial [lado derecho del cerebro] es mejor que la mayoría de las personas.

Recuerdo que en una ocasión una señora se me acercó para felicitarme por la gran suerte de tener una hija como Rivqa. Tuve que decirle que realmente ningún padre debería sentirse afortunado por tener una hija como Rivqa: todos deseamos tener hijos sin impedimentos. La suerte la ha tenido ella. Ella ha tenido la suerte de tener uno padres que la han disciplinado para que se supere. Los impedimentos no se van. No desparecen. Sin embargo, podemos forjarle un sentido de superación: las habilidades que si tiene, poderla desarrollar. Tiene la suerte de tener un padre que es un psicólogo, no un psicotécnico, sino orientado a la ciencia, interesado en entender la psicología desde los procesos de aprendizaje y de los procesos biológicos del sistema nervioso, un padre que puede entender sus limitaciones y sus fortalezas.

Hoy día, Rivqa tiene un trabajo. Es de tiempo parcial. La paga es la mínima. Sin embargo, se siente útil. Trabaja en la

Biblioteca Pons de la Universidad de Puerto Rico en Cayey en la Colección Puertorriqueña. Ella recibió entrenamiento de rehabilitación vocacional. Recibió la oportunidad. Si bien es cierto que Rivqa tiene un cociente de inteligencia de menos de 50, usando la fórmula original de Stern, ella se siente útil. Muchos de sus compañeros de educación especial están en su casa haciendo nada. Ella se siente muy feliz por sentirse útil, a pesar

Rivqa responsablemente se levanta a las cinco y media, se asea, se viste, se prepara su desayuno y merienda, desayuna y busca el periódico para leer lo que le interesa. Su habilidad de lectura no es superior a la de una niña de segundo grado. No es falta de interés: la dificultad está en su impedimento. Pero su sentido de superación la motiva a leer. Para cuando voy a la Universidad y la llevo, ya hace rato que ha estado preparada.

¿Cómo localiza el material en la biblioteca? Lo hace mayormente mediante su gran habilidad de percepción espacial, la misma que le permite montar los rompecabezas. Recuerdo que un día llegué a casa más temprano que lo usual. Noté que Rivqa no estaba en su dormitorio y otras partes de la casa. Pregunté a mi esposa. Ella me indicó que buscaba algo en el sótano, en la biblioteca. Minutos más tarde subió con dos volúmenes de una enciclopedia temática. "Tiene que estar aquí." Dijo ella."¿Qué buscas, hija?". "Quién fue el primer piloto puertorriqueño." Respondió ella. Miro los volúmenes. Uno era en deportes y el otro, ya no recuerdo el tema. Ninguno de los títulos parecían estar relacionados con el asunto. A los pocos minutos, lo encontró: resulta que el primer piloto se dedicó al deporte de hacer piruetas en el aire... Esa enciclopedia en particular no la tenía la biblioteca de la Universidad. Un estudiante de la universidad tenía la asignación de averiguar quién era ese primer piloto puertorriqueño. Ella le prometió al estudiante tenerle la respuesta al día siguiente, pues sabía dónde encontrarlo en casa."

Es importante destacar que la experiencia vivida por el profesor Porrata Doria ha servido para valorar a los padres que con su esfuerzo y apoyo se convierten en facilitadores para sus hijos. Se puede denotar que la participación y colaboración de los padres en los procesos educativos se traduce en logros académicos. Los padres necesitan adquirir fortaleza y desarrollar autodeterminación y autogestión para contribuir a una mejor educación y calidad de vida para todos. Las leyes federales y estatales aplicables al Departamento de Educación de Puerto Rico reconocen el trabajo colaborativo. Hay que reconocer que los maestros no pueden trabajar solos. Los candidatos a maestro deben tener una comunicación efectiva con los profesionales y los padres. Para formar comunidades inclusivas hay que fortalecer los valores humanitarios y sociales.

Las expectativas y actitudes de los padres son de vital importancia para el desarrollo de sus hijos en la parte educativa y social. En este caso la participación activa y la perseverancia de los padres demuestra la relevancia ante a la adversidad. Actuán como un ente activo en el proceso educativo de su Rivqa. Ese amor implica creación y sirve de guía para continuar su lucha ante la situación de su hija. La integración de los padres es un elemento indispensable para que sus hijos tengan éxito. La colaboración exitosa de los padres implicó desarollar diversas actividades y cambios de vida.

Capítulo 8

Tecnología en la educación

> "El profesor debe ser un guía para el aprendizaje, proporcionando pautas y herramientas para recorrer el camino."
>
> *Fernando Rodríguez*

Tecnologías de la Información y la Comunicación (TIC)

Rodríguez (2007), indica que la enseñanza es un arte, pero como ocurre con todos los grandes artistas, es necesario desarrollar facultades con la práctica, los ejercicios y el trabajo intenso. Es básico establecer de antemano un plan completo, organizado y sistemático para obtener la mayor eficacia posible de los materiales pedagógicos. Las Tecnologías de la Información y Comunicación (TIC) en la formación de los maestros es un paso fundamental. La base de los estándares de las TIC en la formación de candidato a maestro, surge para que los egresados del Programa de Preparación de Maestros tengan los conocimientos para resolver las diversas situaciones en el aprendizaje de los estudiantes. Los estándares de las TIC recogen la experiencia nacional e internacional en el área validada por los expertos. Las universidades requieren de profesores que tengan dominio de la tecnología y la aplicación en la sala de clases. Que el maestro, en el momento de planificar evalúe los materiales didácticos programados y los equipos más apropiados. De no tener éxito volver a seleccionar otros medios hasta obtener logros en el aprendizaje.

Owens (2006) indica que las organizaciones que no gestionen y planifiquen su tecnología se encontraran en desventaja. En la revisión de los diversos estándares profesionales que se relacionan con el Programa de Preparación de Maestros se evidencia el componente de la tecnología en el momento de planificar el proceso de enseñanza y aprendizaje. Crovi (2007) hace ver que un curso de tecnología educativa comprende la base de todos los procesos de enseñanza. Es importante reconocer que para enseñar se requiere de la revisión de literatura por parte del profesor de la Universidad, el maestro cooperador y el candidato a maestro. Ambrosi, Peugeot & Pimienta (2005), señalan que todo el mundo, donde sea que se encuentre, debe tener la posibilidad de participar; nadie debe quedar excluido de los beneficios de la sociedad de la información.

En resumen, en las universidades existen cursos básicos de introducción a la tecnología, por lo que es necesario que todos los cursos de preparación de maestros contemplen el componente ahora indispensable de la tecnología.

Moodle y Reserva Digital

La experiencia en el uso de la plataforma *Moodle*, al igual que cualquier plataforma de e-learning, también conocidas como sistemas de gestión de aprendizaje y entornos para la creación de aulas virtuales o de educación a distancia (Clarenc *et al*, 2013), nos revela que tanto los profesores como los candidatos a maestros obtienen resultados positivos. Permite que el candidato a maestro sea organizado, responsable y puntual. La plataforma de Reserva Digital de la Biblioteca Víctor M. Pons Gil, de la

Universidad de Puerto Rico en Cayey, es un espacio para tener disponible las lecturas de los cursos y minimizar el uso de copias impresas. Cada una de las plataformas tiene sus ventajas. Cabe mencionar que la tecnología cubre todo el proceso de enseñanza desde la planeación, la realización de las actividades, la discusión de ideas, el trabajo colaborativo, la evaluación y la reflexión. Rodríguez (2007), sugiere un procedimiento para trabajar con los medios tecnológicos:

- Considerar el valor y el propósito
- Examinar las necesidades e intereses de los estudiantes
- Seleccionar el medio más apropiado
- Ordenarlos recursos de modo que faciliten el aprendizaje
- Presentar actividades lúdicas

Finalmente, reflexionaren torno a cuál medio es más efectivo en concordancia con las necesidades de aprendizaje de los alumnos. Esta reflexión nos lleva a repensar y buscar alternativas para mejorar la calidad de la enseñanza.

Además de este breviario sobre el uso de la tecnología como medio de enseñanza y aprendizaje, no queremos dejar de lado un tema indispensable en todas las instituciones escolares, porque es de suma importancia en la formación de las personas: el *bullying* o acoso escolar. Dedicamos el siguiente capítulo a dicha temática porque es un tema que no excluye a los estudiantes de educación especial.

Capítulo 9

Bullying

"Educar en la igualdad y el respeto es educar contra la violencia."

Benjamín Franklin

Las Instituciones de Educación Superior que tienen Programas de Preparación de Maestros deben estudiar el tema del *bullying* antes de tener una experiencia de campo como la pre-práctica. En el momento en que el candidato a maestro hace la práctica docente o experiencia clínica los profesores deben tener el tema nuevamente en su agenda. La Carta Circular Número: 12-2012-2013 presenta la política pública para establecer el procedimiento para la implementación del protocolo de prevención, intervención y seguimiento de casos de acoso escolar a los estudiantes en las escuelas públicas de Puerto Rico. Señala que el acoso escolar o *bullying* en todas sus manifestaciones, es una gran preocupación para todos los componentes de las comunidades escolares en Puerto Rico. Los incidentes que se generan en las escuelas afectan el clima y el orden institucional con sus secuelas sociales, emocionales y legales. Se define el acoso escolar *(bullying)* como cualquier patrón de acciones repetitivas e intencionales por uno o más estudiantes, dirigidas a causar daño o malestar y en donde hay un desbalance de poder real o percibido por la víctima. Sin embargo, un solo acto podría considerarse como hostigamiento e intimidación *bullying*, debido a la severidad del mismo. Esto incluye, pero no se limita, a acoso por raza, color, género, orientación sexual, nacimiento, condición social, ideas políticas o religiosas, edad o funcionalidad.

Aunque cada vez existen formas diversas de acoso escolar, como las ocho modalidades que describen, por ejemplo, Iñaki Piñuel y Araceli Oñate, (2007): bloqueo social, hostigamiento, manipulación, coacción, exclusión social, intimidación, agresiones y amenazas, consideramos que de manera general e incluyente, el acoso escolar se manifiesta en cuatro modalidades principales como:

- **Acoso físico:** se refiere al contacto físico con intención de causar dolor o daño. Se puede manifestar mediante golpes, heridas, patadas, salivazos, bofetadas, empujones, halones de pelo, mordiscos. También ocurre cuando hay destrucción de propiedad de la víctima (bulto, objetos personales, entre otros).
- **Acoso social:** se refiere a toda conducta consistente dirigida a excluir, marginar, discriminar o aislar a un individuo, mediante acciones tales como, pero sin limitarse a rumores, difamación o chismes, entre otros.
- **Acoso sicológico o emocional:** toda aquella acción o conducta que atenta contra el auto concepto saludable y el fortalecimiento de la autoestima de la víctima, tales como amenazas, humillaciones, burlas, chantaje, rechazos o mofas y que pueden evidenciarse en sentimientos, temor, inseguridad, discrimen por orientación sexual o identidad del género, entre otros.
- **Acoso cibernético (*cyberbullying*):** se considera cualquier tipo de acoso ya identificado o que surja

posteriormente, pero que para efectuar el mismo se utiliza la tecnología. Una sola acción se considera acoso cibernético, debido a la capacidad exponencial de réplica del acoso.

El documento incluye en el **anejo 1:** el procedimiento para la implementación del protocolo de prevención, intervención y seguimiento de casos escolar, **anejo 2:** encuesta sobre *bullying*, **anejo 3:** hoja de asistencia para orientaciones a padres, **anejo 3b:** orientaciones a la comunidad, **anejo 4:** opúsculo, **anejo 5a:** tabulaciones de participantes, **anejo 6a:** formulario para documentar incidentes, **anejo 6b:** hoja de entrevista inicial ante alegación de un acto, **anejo 6c:** formulario de coordinación de servicios ante la alegación de un acto de acoso escolar.

Cobo y Tello (2011), exponen que el tema del *bullying* se ha convertido en una moda. Cabe señalar que el tema es de discusión mundial, la revisión de literatura es similar en relación a las definiciones y características. Ellos definen *bullying* como un comportamiento violento y persistente, resultado de un abuso de poder, que ocurre entre jóvenes de edades semejantes. Son actos pocas veces denunciados y su resultado es un daño emocional y en ocasiones, también físico. Existen varios tipos de *bullying* incluyendo el físico (golpes, patadas, empujones, etc.); verbal (apodos, chismes, rumores, expresiones discriminatorias, manifestaciones de exclusión, etc.); gesticular (ademanes, intimidatorios, señas, muecas, burlonas, etc.), que además se puede dar inclusive frente a los adultos, lo que se vuelve más amenazador. Por último, el *cyberbullying*, que se manifiesta básicamente con mensajes electrónicos (vía teléfono celular o en la computadora); es igual de peligroso, pero, además de contener discursos amenazadores, suele darse de forma anónima. Señalan que las consecuencias de estas conductas se manifiestan o se observan en la inseguridad, la baja autoestima, los problemas de conducta, los problemas de ansiedad, los problemas de salud (colitis, dolores intensos de estómago, de cabeza, etc.), familias disfuncionales, los estudiantes dejan de ir a la escuela. Además, se incluyen comportamientos agresivos e incluso, delictivos, patologías de aislamiento social, desajustes sociales, personalidades depresivas, posibilidades de presentar trastornos psicopatológicos y sicopáticos y aumentan los pensamientos de muerte y los riegos suicidas. Los recursos tecnológicos son una herramienta para que los maestros trabajen el tema del *bullying*. A continuación un ejemplo de una dinámica para trabajar con los estudiantes.

Objetivo: Mediante la presentación de una película con contenido semi-violento los estudiantes:

- identificarán las conductas inapropiadas.
- concluirán con fundamentos constructivos.

De acuerdo con el documento informativo, "Prevención de acoso escolar *Bullying*, del Centro de Información y Orientación a Padres, a la vez de la organización Apoyo de Padres de Niños con Impedimentos (APNI) el *bullying* es un tema que no excluye a los estudiantes de educación especial. Los padres representan un componente esencial en la planificación educativa de sus hijos y también tienen que lidiar con acoso escolar. Según José María Avilés Martínez (2006), psicólogo, experto y estudioso en el tema de acoso escolar, asegura que el 6 por ciento del alumnado es víctima de este fenómeno. Pero advierte que "es preciso tratar el *bullying* con prudencia y no ver fantasmas donde no los hay". El acoso escolar no es un problema nuevo ni aislado. Lo que primero que hay que hacer en estos casos es identificar la víctima y al acosador. Además, tener la consciencia de que ambos sufren, por tanto, necesitan ser atendidos y tratados.

¿Qué deben hacer los padres cuando su hijo es el acosador o el acosado en la escuela?

La intervención de los padres, tanto del acosado como del acosador, frente al fenómeno del acoso escolar o *bullying* es necesaria. Estar a uno u otro lado de la barrera es estar en el problema y tan importante es impedir que el acosador siga acosando como que la víctima siga sufriendo acosos. No obstante, abordar el problema en ambos casos no es fácil, por lo que hemos recopilado algunos consejos para orientar a los padres a la hora de actuar frente a un caso de *bullying* escolar:

Cuando tu hijo es la víctima

En caso de que los padres sospechen que su hijo es un acosado o víctima de *bullying*, es sumamente positivo establecer un canal de comunicación y confianza para que se sienta cómodo al hablar acerca de todo lo bueno y lo malo que está viviendo. Si su hijo es una víctima, hable con él y comprométase en ayudarlo a resolver este problema. Dígale que él no es el culpable de esta situación. No le haga sentir culpable ni le abandone. Intente siempre algo más. Siéntese junto a su hijo/ hija y hablen sobre el tema. Hágale sentir que está arropado, sin estimular la dependencia.

Algunos consejos:

1. Investigue en detalle lo que está ocurriendo. Escuche a su hijo y no lo interrumpa. Deje que desahogue su dolor. Póngase en contacto con el maestro de su hijo o con la dirección de la escuela para alertarlos acerca de lo que ocurre, y pida su cooperación en la investigación y en la resolución de los hechos.
2. No estimule a su hijo para que se muestre agresivo o tome venganza. Empeoraría más la situación.

3. Discuta alternativas asertivas para responder a los acosadores y practique respuestas con su hijo.

4. Dependiendo del grado de ansiedad y de miedo en el que esté envuelto su hijo, busque ayuda psicológica para que supere el trauma. Nunca olvide que la mejor ayuda, en estos casos, es la de la familia.

5. Mantenga la calma y no demuestre toda su preocupación. Demuestre determinación y optimismo.

Cuando tu hijo es el acosador

Es muy difícil para muchos padres reconocer algo negativo en la conducta de sus hijos, por eso es muy importante, cuando se detecta el caso, que trabajen directamente con la escuela para resolver este problema inmediatamente. Normalmente el problema de una mala conducta suele crecer como una bola de nieve. Lo que jamás deben hacer los padres del acosador es usar la violencia para reparar el problema. Pueden incidir en malos tratos hacia sus hijos y ser acusados de esto. Las siguientes recomendaciones pueden ayudar a canalizar la situación hacia un lado positivo:

1. Investigue por qué su hijo es un acosador.

2. Hable con los profesores, pídale ayuda, y escuche todas las críticas sobre su hijo.

3. Acérquese más a los amigos de su hijo y observe qué actividades realizan.

4. Establezca un canal de comunicación y confianza con su hijo/a. Los niños necesitan sentir que sus padres les escuchan.

5. Vigile no culpar a los demás por la mala conducta de su hijo.

6. Colabore con la escuela dando seguimiento al caso y registrando las mejoras.

7. Canalice la conducta agresiva de su hijo hacia algún deporte de competición, por ejemplo.

8. Señale a su hijo que la conducta de acoso no está permitida por la familia.
9. Déjele claro lo que ocurriría si el acoso continúa. Enséñele a practicar buenas conductas.
10. No ignore la situación. Mantenga la calma y procure saber cómo ayudar a su hijo.
11. Ayude a su hijo a manifestar sus insatisfacciones y frustraciones sin agresión.
12. Demuestre a su hijo que le sigue amando tanto o más que antes, pero que desaprueba su comportamiento.
13. Anímele a que reconozca su error y a que pida perdón a la víctima.
14. Elogie sus buenas acciones.

Si bien el acoso es una conducta propia de la naturaleza humana que sobresale en algunos estudiantes en los centros escolares, también son propios de la naturaleza humana los comportamientos orientados al respeto por las personas, la tolerancia a las diferencias, la inclusión de los otros a los espacios de uno, la solidaridad en las situaciones críticas, entre tantas más bondades humanas. De aquí que en los Programas de Preparación de Maestros se enseñe a los maestros a enseñar la condición humana (Morin, 1999) y a universalizar, porque "el proceso de enseñanza nunca es una mera transmisión de conocimientos objetivos o de destrezas prácticas, sino que se acompaña de un ideal de vida y de un proyecto de sociedad" (Savater 1997, p.145).

Referencias

"El objeto más noble que puede ocupar el hombre es ilustrar a sus semejantes."

Simón Bolívar

Ambrosi, A., Peugeot & Pimienta, D. (2005). *Palabras en juego: enfoques multiculturales de la información.* C & F Editions.

Arregui, (enero,1996). *El diagnóstico en curso sobre la situación de la formación magistral en el Perú y algunas reflexiones sobre el perfil del docente en servicio.* Ponencia presentadaen el seminario:"Hacia una nueva formación magistral, Lima, Perú. Recuperado de http://www.oei.es/ docentes/articulos/estandares_retos_formacion_desarrollo_ profesional_docentes_arregui.pdf

Anderson, L. W. & Krathwohl, D. R. (2001). *A taxonomy for learning, teaching, and assessing.* New York: Longman.

Anderson, L.W. and Krathwohl, D.R., et. al (Eds..) (2001). *A Taxonomy for Learning, Teaching, and Assessing: A Revision of Bloom's Taxonomy of Educational Objectives.* Allyn & Bacon. Boston, MA (Pearson Education Group).

Avilés, J., Elices, J., (2006). *Instrumentos para la evaluación del Bullying.* (2da. ed.). Madrid.

Bandler, R & Grinder (1979). *Reframing:Neuro-linguisticprogramming and the the transformation of meaning real people.* Press.

127

Bartolomé, M. (1992). Investigación cualitativa en educación: Comprender o transformar. *Revista de investigación Educativa. 20,* 7-36.

Bloom, B.S., (Ed.). (1956). *Taxonomy of educational objectives: The classification of educational goals: Handbook I, cognitive domain.* New York: Longman.

Bloom B., Hastings, J., & Madaus, G., (1971). *Handbook on formative and summative evaluation of student learning.* New York: McGraw-Hill.

Boehm, S. (2005). *Agua tecnología y sociedad en la Cuenca Lerma-Chapala.* www.mx./publica/libre/rev/libre/nuant/xnor/64/pr/pr6.pdf

Bronfenbrenner, U. (1986). Ecology of the family a context for human development: Research perspective. *Developmental Psychology.* 22,723-742.

Council for the Accreditation of Teacher Education. (CAEP, 2013). http://www.caepsite.org/standarshtml

Council for Exceptional Children. (CEC, 2010). Performance Based Standars.

Council of Chief State School Officers. (INSTAC, 2011). Model Core teaching Standards: A Resource for State Dialogue Interestate Teacher Assessment and Support Consortion.

Centro de orientación de información y orientación a padres (APNI). Buylling Recuperado de: http://www.apnipr.org/wp-content/uploads/2014/05/Bulling.pdf

Clarenc, C. A.; S.M. Castro, C. López de Lenz, M. E. Moreno y N. B. Tosco (Diciembre, 2013). *Analizamos 19 plataformas de e-Learning: Investigación colaborativa sobre LMS.* Grupo GEIPITE, Congreso Virtual Mundial de e-Learning. Sitio web: www.congresoelearning.org

Cobo y Tello (2011). *Bullying en México.* (1ra. ed.) México. Editorial Lectorum, S.A.

Constitución del Estado Libre Asociado de Puerto Rico. (1952).

Crovi, D. (2007). *Retos de las universidades en la sociedad de la información y el conocimiento. Medios informáticos en la educación a principios del siglo XXI.* P. 177-196.

Dawson, M. (2005). Are they really learning what we are teaching? Journal of College Science 34(5), 32.

Estado Libre Asociado de Puerto Rico. Carta Circular Núm. 02-2015-2016. Política Pública sobre la Planificación del Proceso de Aprendizaje. San Juan, PR: Autor. Recuperado: http://intraedu.dde.pr/Cartas%20Circulares/Forms/AllItems. aspx

Estado Libre Asociado de Puerto Rico. Carta Circular Núm. 2012-2013. Política Pública para establecer el procedimiento para la implementación del protocolo de prevención, intervención y seguimiento de casos de acoso escolar a los estudiantes en las escuelas públicas de Puerto Rico. San Juan, PR: Autor.

Estado Libre Asociado de Puerto Rico. (2013). Plan de Flexibilidad. http://www.de.gobierno.pr/conoce-al-de/41-institucion/1811-plan-de-flexibilidad

Estado Libre Asociado de Puerto Rico. (2007). Departamento de Educación de Puerto Rico. *Los Estándares y Expectativas de Grado de Puerto Rico.* San Juan, PR: Talleres de Artes Gráficas del DEPR.

Estado Libre Asociado de Puerto Rico. (2008). Departamento de Educación de Puerto Rico. *Manual de Procedimientos Educación Especial* . San Juan, PR: Talleres de Artes Gráficas del DEPR.

Estado Libre Asociado de Puerto Rico. (2014). Departamento de Educación de Puerto Rico. *Los Estándares y Expectativas de Grado de Puerto Rico.* San Juan, PR: Talleres de Artes Gráficas del DEPR.

Estado Libre Asociado de Puerto Rico. (2014). Departamento de Educación de Puerto Rico. *Manual para el desarrollo del Programa Educativo Individualizado (PEI).* Recuperado de: http://www.de.gobierno.pr/files/MANUAL_PEI_EDUCA CION_ESPECIAL.pdf

Felder, R. & Silverman (1987). *Learning styles and teachingin engineering education.* Presentado Annual meeting of the American Institute of Chemical Engineers, New York.

Gardner, Howard (1994). *Estructuras de la mente*, México: FCE.

Grana, L. (2001). *Los objetivos Educacionales: Criterios claves para la evaluación del aprendizaje.* Editorial de la Universidad de Puerto Rico, Río Piedras, PR.

Gronlud, L. (1981). *Measurement and evauation in teaching.* (4th. Ed.)New York: Mc. Millan.

Herrmann, N. (1998). *The Theory Behhind the HBDI and Whole Brain Technology.* The HBDI Acreditation Process. Herrmann International. [online]: http://www.hbdi.com/

Kemmis, S. McTaggart, R. (1988). *Cómo planificar la investigación en acción.* Barcelona: Laertes.

Kibler, R. & Barker (1970). *Behavior objetives and instruction.* Boston: Allyn and Bacon, Inc. pp.66-75.

Kolb, D. (1984). *Experiental learning: experience as the source of learning and developmental.* Engleewwood Cliffs, N.J: Prentice-Hall.

Hollandworth, H. Barbour, H. (1965). *Preparing teachers and instruccional materials for the food service Occupations.* Report an experimental workshop held at Michigan State. Educational Publications Services, East Landing.

Ley # 51 de 1996, *Ley de Servicios Educativos Integrales para Personas con Impedimentos,* 18 L. P.R.A.

Ley No Child Left Behind (NCLB) (2002). *La ley que Ningun niño quede rezagado.* Recuperado en http://www.lexjuris. com/LEYORG/lexeducacion.htm

Lewin, K. (1973). Action research and minority problems. *Resolving social conflicts: Selected papers on group dynamics.* P. 201-216. London Souvenir Press.

Latorre, A. (2004). *La investigación en acción: Conocer y cambiar la práctica educativa.* Barcelona: Editorial Graó.

Llaca et al. (2006). Herramientas y Soluciones para Docentes. (1a. ed.) México Lexus.

Maldonado, J, Montes, P., Castillo, A., Vázquez, C. (2000). *Fundamentos de la Educación en la niñez temprana: Prácticas propiadas para el desarrollo de las diferencias individuales.* P.R. Publicaciones Puertorriqueñas.

Maldonado, M. (2008). *Aprendizaje basado en proyectos en la educación técnica*. Ponencia presentada en el Congreso Internacional de Educación Técnica, Universidad Pedagógica Experimental Libertador, Barquisimeto, Venezuela.

Marzano, R. J. (2001). *A new taxonomy of educational objectives. In developing minds: a resource book for teaching thinking*. Ed: AL Costa. Alexandria, VA. Association for Supervision and Curriculum Development. 3ª edition.

McCloskey, M. (2001. *Etiquetas para profesionales*. Bogotá,Columbia. Editorial Norma.

Morrison, G. (2005). *Educación Preescolar*. (9na. ed.). Pearson: Prentice Hall.

Morin, E. (1999). *Los siete saberes necesarios para la educación del futuro*, UNESCO.

NCATE Report (February, 2007) Preconditions report submitted to NCATE. UPR: Cayey

Nuñez, A. (2006). *Naturaleza y necesidades del niño preescolar con discapacidades*. San Juan: Publicaciones Puertorriqueñas INC.

Ortiz Hernández, E. (2007). La autoevaluación estudiantil: una práctica olvidada. *Cuaderno de Investigación en la Educación,22*, 107-119.

Owens, J. (2006). *Electronic business: A business model can make the difference. Magnament Services*. Núm.50, p.16-24.

Parodi, L. (2005). *Educación especial y sus servicios.* San Juan: Publicaciones Puertorriqueñas INC.

Pérez, G. (1998). *Investigación cualitativa: retos interrogantes, la investigación en acción. Tomo I*. Madrid: Muralla.

Peter, L. (1972). *Prescriptive Teaching Systerm*. (1ra. Ed.) New York, McGraw-Hill.

Piaget, J. (1961). *La formación del símbolo en el niño*, México: FCE.

Piñuel, I. y Oñate, A. (2007). *Mobbing escolar: Violencia y acoso psicológico contra los niños*. Madrid: CEAC.

Pring, R. (2000). *Philosophy of educational research*. London: Continuum.

Programa de Asistencia Tecnológica de Puerto Rico. (2006). *Equipos de asistencia tecnológica*. Recuperado de http:// puntoactivo.blogspot.com/2006/05/proyectode-asistencia-tecnolgica-de.html

Programa de Asistencia Tecnológica. (2008-2012). *Ayudas aumentativas y alternativas de comunicación [material educativo]*. Recuperado de http://pratp.upr.edu/ informacion/ material-educativo

Programa de Asistencia Tecnológica. (2008-2012). *Diseño, evaluación y desarrollo de asistencia tecnológica*. Recuperado de http://pratp.upr.edu/servicios/ disenoevaluacion-y-desarrollo-de-asistencia/diseno-evaluacion-y-desarrollo-de aasistencia

Ramos, I. (2005). Liderazgo Didáctico. *Cuadernos de Investigación en la Educación*. Río Piedras, PR: Universidad de Puerto Rico.

Rivera, A. (2011). *La enseñanza diferenciada*. Aguas Buenas: ANISA, INC.

Rivera, A. (2007). *La investigación en acción en la sala de clases*. Pedagogía fundamental. Producciones ANISA, Inc.

Rodríguez, D. (2007). *Manual de Orientación al Maestro*. (8a. ed.). Publicaciones Puertorriqueñas, Inc.

Romero, D., Del Pilar, N. & Maldonado, G. (2006). *Dinámica para diagnostic y la recuperación de lectoescritura.*(4ta. Ed.). San Juan: Publicaciones Puertorriqueñas, INC.

Saddler y Andarde (2004). The writing rubric. *Educational leadership. 62(2)* 48-52. Retrieved july 3, 2009 from Academic Search Complete database. (AN 14635595).

Sabath, A. (2000). *Beyond Business Casual*. The Carrer Press, Inc, NJ.

Savater, F.(1997). *El valor de educar,* Barcelona: Ariel.

Scheneider, S. (2005). *Las inteligencias Múltiples y el desarrollo Personal.*

Simpson E. J. (1972). *The Classification of Educational Objectives in the Psychomotor Domain.* Ed: Washington, DC: Gryphon House, Vol. 3. Colombia, Cadiex.

Stanford, P. (2003). *Multiple intelligence for every classroom.* Recuperado en http://web.ebscohost.com/ ehost/pdfviewer?vid=41&hid=127&sid=82010e52-ad la-43df-b3fd-98a66c8c677%40sessionmgr113

Suárez, (2002). Algunas reflexiones sobre la investigación en acción. *Enseñanza de las ciencias.* 1 (1), 40-56.

Teppa, S. (2006). *Investigación acción participativa en la praxis pedagógica diaria.* Barquisimeto. UPEL-IPB.

Tyler, R. (1949). Basic principles of curriculum and instruction. Chicago: *The University Of Chicago Press.* Citado en teaching & Understanding (part2/3). http://wwwyoutube. com/watch?v=2DMnYxc3ank

UNESCO. (2008). *Estándares de competencias en Tecnologías de la información y comunicación (TIC) para docentes.* Recuperado de http://www.oei.es/tic/ UNESCOEstandaresDocentes.pdf

UNESCO. (1998). *Informe del Simposio Internacional sobre las nuevas tendencias de los académicos.* Recuperado de http:// www.unesco.org

United States Government. (2004). Ley 108-446. Individuals with Disabilities Education Improvement Act (IDEA).

United States Government. (1990). Ley 101-336. American with Disabilities Act (ADA).

United States Government. (2004). Ley 107-110. No Child Left Behind Act.

United States Government. (2006). Ley 109-270. Carl D. Perkins Career and Technical Education Improvement Act.

United States Government. (1973). Sección 504. Rehabilitation Act.

Vera, (2011). *"Assessment" Medición y evaluación del aprendizaje.* San Juan: Publicaciones Puertorriqueñas, Inc.

Vigostky, Lev (2010). *Pensamiento y lenguaje,* Barcelona: Paidós Ibérica.

Webb, N. (2005). Niveles de pensamiento. HYPERLINK "https://www.google.com.pr/webhp?sourceid=chrome-instant&ion=1&espv=2&es_th=1&ie=UTF-8" \l "q=norman +webb+2005+objetivos+pensamientos"https://www.google.com.pr/webhp?sourceid=chrome-instant&ion=1&espv=2&es_th=1&ie=UTF-8#q=norman+webb+2005+objetivos+pensamientos

Yuni, J. y Urbano. C. (2005). *Mapas y herramientas para conocer la escuela: Investigación etnográfica e Investigación en acción.* (3era. Ed.). Argentina: Barajas.

Printed in the United States
By Bookmasters